Die große Pest

während des Türkenkrieges

1828-1829.

Von

Dr. Roman S. Czetyrkin

Die große Pest
während des Türkenkrieges
1828-1829.

Von

Dr. Roman S. Czetyrkin,

Kaiserlich Russischem Kollegienrat, Gehilfen des General-
stabsarztes der aktiven Armee Leibarzt Sr. Durchlaucht des
Feldmarschalls Fürsten von Warschau. Grafen Paskiewicz von
Erivan, Ritter mehrerer Orden und Mitglied mehrerer gelehrten Gesellschaften.

Impressum:
© 2020 Till Müller (Hrsg. u. Bearb.)
Herstellung und Verlag: BoD – Books on Demand, Norderstedt.
ISBN: 978-3-75048-060-5

Vorrede des Übersetzers.

DER Aufsatz Dr. Czetyrkins: „Kurzer historischer Über-
blick vom Erscheinen und Behandlung der Pest, die 1828
und 1829 im russischen transkaukasischen Truppenkorps ge-
herrscht", wurde von Hufeland mit Beifall angenommen.
Dieser Umstand bewog den Autor, mich um die Übersetzung
seines ganzen Aufsatzes „über die Pest", zu ersuchen, in der
Absicht, diese Arbeit dem ehrwürdigen Hufeland zur Kritik
vorzulegen. Die Übersetzung ward jedoch in jener Periode
beendet, als sich in Warschau das erschütternde Gerücht von
Hufelands Tode verbreitete, und der Zweck der Arbeit war
dadurch zum Teil verfehlt! Dr. Czetyrkin bat mich ausdrück-
lich, seinen Aufsatz wörtlich und ohne Anmerkungen dem
deutschen Publikum zu übergeben, und zwar aus dem Grund,
damit er nicht ein ähnliches Schicksal erleide, wie seine Broschüre: „Über die Augenkrankheit, die in der Kaiserlich russischen aktiven Armee herrscht, Kalisch 1835." Der Verfasser
wollte durch diese letztere Arbeit einen ganz anderen Zweck
erreichen als darin gesucht worden ist.

Dr. Czetyrkin ist nämlich Hauptarzt der russischen aktiven
Armee, und bekleidet zugleich den Posten eines gelehrten
Sekretars des medizinischen Komitees beim Hauptquartier. Als
die Augenepidemie unter den russischen Truppen ausbrach, so
erhielt er von seinen Vorgesetzten den Auftrag, diese Krankheit
für die russischen Militärärzte mit praktischen Bemerkungen

zu beschreiben. – Er benutzte die bekannten Abhandlungen über diesen Gegenstand, er verglich die Beobachtungen anderer europäischen Ärzte mit den seinigen, eine sehr große Anzahl Kranker, die in und um Warschau zusammenströmten, lieferten leider nur allzu reichhaltige Ausbeute für seine Studien.

Nachdem seine Broschüre zustande gekommen war, so bat er seinen deutschen Übersetzer, ihr folgende einleitende Worte vorauszuschicken:

„Aus den Mitteilungen ausländischer Ärzte ersieht der Autor, daß die Augenblennorrhae in vielen Gegenden Europas verderblich geworden; er wünscht daher dem gelehrten Publikum des Auslandes die Resultate unseres Wirkens in einer deutschen Übersetzung zur Beurteilung vorzulegen. Jede gewichtige Bemerkung eines unparteiischen Kritikers erwartet er mit Dank; er wird sich bestreben, sie für die Zukunft zu benutzen, denn auch ihm ist Menschenwohl die Hauptsache."

Diese von Eitelkeit und Dünkel gleichweit entfernten Worte finden wir in der kleinen Broschüre vom Herrn Übersetzer aus unbekannten Ursachen ausgelassen, und des Autors gutgemeintes Bestreben ist durch diesen Umstand nicht allein unbeachtet geblieben, sondern hat ihm noch obendrein eine etwas bittere Kritik im dritten Heft des 23. Bandes des chirurgischen Journals von Graefe und Walther zugezogen. Der Rezensent sagt, daß alles, was der Dr. Czetyrkin geschrieben, sich bereits in Dr. Graefes Werk (die Augenblennorrhae 1825) vorfinde; ein Ausspruch, der einem ruhigen Beobachter allzu übereilt erscheint. Denn einmal finden wir in Dr. Czetyrkins Abhandlung einige ganz neue Beobachtungen, z. B. diejenigen: mit *Sulphas Chinini*[1], mit der *Mixtura Depeschii*[2], einige prophylaktische Vorschriften etc. etc.; dann ist aber auch ein großer Unterschied

---

[1] *Sulphas Chinini*: Cininsulphat.
[2] *Mixtura Depeschii*: Schnellwirkendes Arzneimittel.

zwischen der anspruchslosen Broschüre von Czetyrkin und dem Meisterwerk von Graefe: Theoretische Grundsätze und Lehren, die der berühmte Berliner Chirurg angibt, sind durch den russischen Hauptarzt praktisch bei dem größten Armeekorps mit dem glücklichsten Erfolg durchgeführt worden, – diesen Unterschied mußte ein jeder Kritiker bemerken, der das Wohl der leidenden Menschheit vor Augen hat.

Die Tendenz von Czetyrkins Abhandlung über die Pest spricht sich in folgenden wenigen Worten aus, die der Verfasser seinem Original als Einleitung beigegeben:

„Diese Abhandlung wurde geschrieben, um eine Aufgabe der medico-chirurgischen Akademie zu St. Petersburg zu lösen. – Eine treue historische Skizze der von mir beschriebenen verderblichen Epidemie kann ohne Zweifel eine Lehre für die Zukunft abgeben; übrigens mache ich weder Ansprüche auf tiefe Gelehrsamkeit, noch auf glänzende Theorien, meine Ansichten teile ich dem geneigten ärztlichen Publikum mit, weil sie mir mit einer naturtreuen Erfahrung übereinstimmend schienen.”

Der Übersetzer hat diese Abhandlung einer besonderen Aufmerksamkeit wert gefunden, weil er in ihr einen merkwürdigen Beweis gegen die sogenannten nichtkontagischen findet; die Mitteilungen Czetyrkins stehen in offenem Widerspruch mit denen von MacLean, Pariset, Clot-Bey, Brayer. – Das unbestechbare Urteil der Zukunft mag entscheiden.

Dr. Theodor Stürmer.

Die große Pest

während des Türkenkrieges

1828-1829.

AUS den glaubwürdigsten und sichersten Berichten geht hervor, daß die Pest, seit sie im Jahre 1813 die Moldau und die Walachei auf eine furchtbare Weise verheerte, diese Gegend bis zum Jahre 1824 gänzlich verschonte.

In diesem Jahre wurde sie aus Kleinasien nach Sisopol verschleppt, drang bis in die Donaufestungen und 1825 selbst bis nach Bukarest, an welchem Ort sie endlich vom Hospodar[3], trotz aller Hindernisse von seiten der Türken, in ihrem Entstehen erstickt wurde.

Im Jahre 1826 erschien sie (von Burgas aus) abermals in Bukarest und wurde wiederum durch die Tätigkeit des Hospodars bekämpft. Gegen Ende des Jahres 1827 drang das Übel bis in die Hauptstadt der Walachei, herrschte daselbst sporadisch bis zum April des Jahres 1828 und raubte vielen Menschen das Leben. Nur durch medizinisch-polizeiliche Maßregeln gelang es, dem Übel Einhalt zu tun.

Vor dem Anfang des Feldzuges im Jahre 1828 teilte der Chef des Generalstabes Seiner Kaiserlichen Majestät den Beamten der aktiven Armee Vorschriften und Vorsichtsmaßregeln mit, wie dem Übel vorzubeugen und wie dasselbe zu bekämpfen sei, – und bald darauf überschickte der Medizinalinspektor, Baron von Wyllie, allen Militärärzten jenes Armeekorps die von Seiner Exzellenz verfaßten „Praktischen Beobachtungen über die

---

[3] *Hospodar* ist die ukrainische Bezeichnung für *Herr* oder *Fürst*, und wurde als Titel der Fürsten in der Moldau und der Walachei zusätzlich zum Titel *Woiwode* benutzt.

Pest", in welchen die Kennzeichen und die Heilart dieser verderblichen Krankheit genau auseinandergesetzt waren. Die Kriegsoperationen begannen mit dem Frühjahr; im April waren die russischen Truppen in Bukarest, und im Mai stand das Hauptquartier bereits unweit Brailow. Eine unmittelbare Folge des Krieges waren Unordnungen in den Quarantänen, und aus dieser Ursache griff auch die Krankheit im Monat Mai unter den Einwohnern der Hauptstadt der Walachei mehr und mehr um sich.

Es wurde jetzt ein besonderes Komitee festgesetzt, welches jedoch weder mit den einheimischen, noch mit den russischen Ärzten über das Wesen der Krankheit einig werden konnte, indem einige daran zweifelten, ob dieselbe wirklich die Pest sei? und wieder andere die Krankheit als wirkliche Pest erklärten, welche sich aus lokalen, krankmachenden Ursachen entwickelt haben sollte. – Indessen wurden zum Bekämpfen des Übels dieselben Maßregeln er griffen, welche bei der Pest vorge-schrieben sind.

Im Laufe des Sommers und des Herbstes des Jahres 1828 verbreitete sich die Krankheit in den meisten Dörfern der Walachei. – Im Winter drang sie bis zur Moldau vor, wurde zu Anfang des Jahres 1829 aufs rechte Donauufer verschleppt und verheerte Hirsowa und andere an diesem Fluß gelegene Orte.

Die von der Pest ergriffenen Soldaten verbreiten das Übel in den Hospitälern und in den Feldlazaretten, jedoch wurde es in letzteren durch strenge polizeiliche Maßregeln bald unter-drückt. – Das Hauptquartier kehrte zum Winter in die Wala-chei zurück und die Krankheit wurde jetzt überall als Pest anerkannt; indessen konnten, wegen der großen Verbreitung des Übels, schon nicht mehr allgemeine strenge Maßregeln gegen dasselbe in Ausführung gebracht werden.

Die Truppenabteilung, welche in Bulgarien zurückgeblieben war, wurde von der Krankheit verschont, weil sie im Jahre 1828 durch eine Quarantäne in Hirsowa von der Donau abgesondert worden war.

Mit den beginnenden Dezemberfrösten schien das Übel in der Walachei zu verschwinden, kehrte indessen bei eintretendem Tauwetter, doch in gelinderem Grade, zurück. Die strengen Quarantäneanstalten hielten es überall in engen Grenzen.

So war der Stand der Dinge bis zum März des Jahres 1829. Ein unglückliches Zusammentreffen verschiedener Umstände wollte es, daß um diese Zeit die wahre Natur des Übels abermals ganz und gar verkannt wurde, daß man es für ein besonders pestartiges hitziges Fieber mit Karbunkeln[4], Bubonen[5] und Petechien[6] hielt, welches einzig und allein aus lokalen Krankheitsursachen entstanden sein sollte; gegen letztere allein wurden demnach alle Maßregeln gerichtet. Diese durch ihre Folgen so verderbliche Meinung gründete sich darauf, daß die Krankheit sich langsam entwickelte und nicht so tödlich war, daß sie sich mit den herrschenden hitzigen Nerven- und Faulfiebern mit Dysenterie[7], Skorbut[8] und Syphilis komplizierte. – Aber die langsamere Verbreitung des Übels und die geringere Sterblichkeit hing davon ab, daß die polizeilichen Maßregeln zwar anfangs nicht mit Konsequenz durchgeführt, doch in der Folge sehr streng befolgt wurden, und was die Komplikation mit anderen Krankheiten betrifft, so gab es viele gewandte und würdige Ärzte, welche die wahre Pest sehr gut von diesen zufälligen Komplikationen zu unterscheiden verstanden. – Nichtsdesto-

---

[4] *Karbunkel*: Eiterbeule.
[5] *Bubonen*: Pestbeulen.
[6] *Petechien* sind kleinpunktige Blutungen aus den Haargefäßen in die Haut.
[7] *Dysenterie*: Ruhr.
[8] *Skorbut*: Vitaminmangelkrankheit, insbesondere durch das Fehlen von Vitamin C.

weniger wurde, vom Monat März des Jahres 1829 an, jede Quarantäne aufgehoben, die freie Kommunikation allenthalben hergestellt, und nur gegen vermeintliche endemische Krankheitsursachen gewirkt. Diesen letzteren schrieb man allein die verderbliche Krankheit zu, obgleich an einigen sehr ungesunden Orten Durchfälle und Nervenfieber ohne Pest herrschten, und in anderen hohen, sehr gesunden Orten das sogenannte pestartige Fieber Riesenfortschritte machte.

Nur in einigen Gegenden Bulgariens und der Walachei ging man von dem Gesichtspunkt aus, daß man es in der Tat mit der Pest zu tun habe, und hier wurden dagegen strenge Maßregeln ergriffen.

Nachdem nun die Quarantäne aufgehoben war, schritt das Übel verderbenbringend im Frühjahr und im Sommer schnell vorwärts, und verbreitete sich in der Moldau, in der Walachei, in Bulgarien, und, mit dem Übergang des russischen Heeres über den Balkan, auch in Rumelien, wo es viele Hospitäler ganz ausrottete. Nur diejenigen Truppenabteilungen, welche sich auf dem Marsch befanden und fortwährend der reinen Luft, dem Regen und dem Tau ausgesetzt waren, litten weniger; die in Städten und Festungen stehenden Garnisonen wurden aber mehr von dem furchtbaren Feind mitgenommen. – Die Überfüllung der Lazarette, der Mangel an gehöriger Pflege und an Ärzten (welche größtenteils von der Pest aufgerieben waren), die Zweifel über das Wesen der Krankheit, dieses alles war die Ursache, weswegen dem Verderben gar nicht mehr Einhalt getan werden konnte.

Im Anfang des Monates Juni brach die Pest auch in Bessarabien aus, wohin sie durch einen Kurier, der nur vier Tage Quarantäne gehalten hatte, verschleppt wurde; aber die energischen polizeilichen Maßregeln am Pruth und am Dnjestr schützten die russische Grenze vor Verderben. – Erst im November 1829, wo ein großer Teil der Armee bereits von der Pest ergriffen war, wurde in der Walachei, in der Moldau und in Rumelien das Übel als wirkliche Pest anerkannt, und gegen dasselbe eine strenge Quarantäne eingeführt.

Demungeachtet richtete es aber bis zum Mai 1830 viel Verderben an, zu welcher Zeit man die Anordnung traf: alle Kranken aus Rumelien und Bulgarien nach Kinburn und Ovidiopol mit den nötigen Vorsichtsmaßregeln zu transportieren.

Nachdem die Truppen an der russischen Grenze angelangt waren, zeigte sich das Übel wohl bisweilen hier und da, jedoch blieb es immer rein sporadisch.

In der kleinasiatischen Türkei ließen sich folgende historische Data auffinden: Im Monat Juni des Jahres 1828 wurde, beim Sturm der Festung Kars, durch türkische Gefangene die Pest dem transkaukasischen Truppenkorps mitgeteilt. – Obgleich man auch hier anfänglich über das Wesen der ausgebrochenen Krankheit ganz uneinig war, so wurde sie dennoch auf Befehl des Oberfeldherrn ganz wie die Pest behandelt und die strengsten medizinisch-polizeilichen Maßregeln angewandt. Der Graf Paskewitsch von Erivan hielt es für ratsamer, lieber zu viel als zu wenig zu tun; eine unzeitige Nachsicht hätte hier dem ganzen Heer verderblich werden können. – Diese Konsequenz und Entschlossenheit erstickte das Übel gleich in den ersten 14 Tagen. In der Festung Kars jedoch widersetzten sich die Einwohner den nötigen Maßregeln, das Übel herrschte daher in dieser Garnison bis zum September und wurde nur durch die Kunst und die Tätigkeit des Divisionsarztes Dr. Schuller besiegt. Die türkischen Gefangenen aber, die von Kars aus nach Grusien geschickt wurden, verbreiteten die Pest in Gumry, Erivan, Schemacha und in die bis Tiflis gelegenen Dörfer. Im Lauf der Jahre 1828 und 1829 wütete das Übel überhaupt in zehn Ortschaften der transkaukasischen Provinz. – Diejenigen

Vorsichtsmaßregeln, die im Lager von Kars angewandt waren, wurden jetzt überall angeordnet. Der Erfolg aber war nicht immer derselbe. In Kars, wo der Oberbefehlshaber mit eigenem Beispiel voranging, und seine Vorschriften auch selbst streng befolgte, waren die Bemühungen vom glücklichsten Resultat gekrönt.

In anderen Gegenden war man indessen weniger glücklich; so war zum Beispiel in Gumry die Aufsicht über die türkischen Gefangenen sehr nachlässig, die medizinisch-polizeilichen Vorschriften wurden schlecht befolgt – die Pest verbreitete sich im ganzen Hospital und in der Stadt, tötete die Hälfte der Krankenzahl und eine Menge der Einwohner und dauerte bis zum Oktober. Im September desselben Jahres wurde eine Truppenabteilung, die bei der Einnahme von Ardagan gegenwärtig gewesen, von der Pest angesteckt. Die vom Oberbefehlshaber vor geschriebenen Maßregeln wurden ebenso genau, wie bei Kars, erfüllt. Nach 15 Tagen war der furchtbare Feind besiegt; die Truppenabteilung, in der er gewütet, vereinigte sich später mit dem Hauptarmeekorps, machte den Feldzug mit, und kehrte nach Grusien zurück, ohne daß sich eine Spur von Pest gezeigt hätte.

Der andere Weg auf dem das Übel im Jahre 1828 nach Grusien und dem transkaukasischen Truppenkorps verschleppt wurde, war durch den Paschalyk von Achalzick und durch das Borusomsche Tal. Der Oberbefehlshaber war bereits in die Winterquartiere zurückgekehrt; ein Teil der Truppen war zu rückgeblieben, um die Wache in der Festung Achalzick zu beziehen, um diesen Ort und das Städtchen Adjar in Verteidigungsstand zu setzen. – Diese Soldaten zogen im Oktober durch das Borusomsche Tal nach dem Kaukasus, kamen mit den Einwohnern in Berührung und wurden angesteckt. Bei feuchtem und kalten Wetter wurden diese Kranken auf dem kürzesten Weg nach Gory, einem Städtchen in Kartalinien, transportiert. Das furchtbare Übel war bereits bei den russischen Truppen in Vergessenheit geraten, und obgleich noch kein Armeebefehl die Einstellung der Quarantänemaßregeln anbefohlen hatte, obgleich zwei von den nach Gory versetzten Kranken plötzlich starben, so wurden dennoch obenerwähnte Kranke ohne alle Vorsichtsmaßregeln, ohne Besichtigung und ohne Quarantäne, ins Lazarett des in Gory kantonierenden[9] Regiments gelegt. – In jenem Dorf aber, wo der Krankentransport übernachtet hatte, starben plötzlich zwei Einwohner, die den leidenden Soldaten Hilfe geleistet hatten; im Verlauf von einigen Tagen er krankten noch zwölf andere und das Übel wurde für die Pest erklärt. Im Regimentslazarett und bei der Truppenabteilung, die nach Gory zurückgekehrt war, brach nun ebenfalls die Pest aus. Der Oberbefehlshaber sandte darauf einen Arzt und einen Militärbeamten dorthin, welche die bekannten Maßregeln in Ausführung brachten, und schon am dritten Tage fand sich kein neuer Pestkranker mehr. Die Vorsichtsmaßregeln wurden jedoch 42 Tage beobachtet, und in ganz Kartalinien war die Pest ausgerottet.

In der Festung Achalzick brach die Pest zuerst im Jahre 1829 aus. Dieser Ort wurde von zweien inkompletten Bataillonen des Gräflich Erivan'schen Regiments verteidigt. Die Türken, diesen Umstand benutzend, erschienen am Ende des Februars mit einem Heer von 20.000 Mann, umringten und belagerten die Festung bis zum 6. März. – Die Russen rückten zum Entsatz heran, die Türken zogen sich zurück, die Garnison machte einen Ausfall, vertrieb den Feind aus seinem Lager und verfolgte ihn drei Tage. – Bei dieser Gelegenheit kamen die russischen

---

[9] *Kantonieren*: d. i. wenn Truppen in einen Ort verlegt sind, bzw. dort zusammen lagern.

Soldaten mit den feindlichen in Berührung, sie wurden von der Pest ergriffen und brachten den Tod nach Achalzick.

Den 10. März brach die Krankheit in der Garnison aus, und zeigte sich auch bald unter den Einwohnern. Mit Eintritt des Frühlings wurde die Plage immer furchtbarer. Die Ärzte starben einer nach dem anderen. Nur einer war übrig geblieben, der, zum Unglück blind den Fügungen des Fatums glaubend, die Krankheit selbst für eine Strafe Gottes hielt, zu medizinisch-polizeilichen Maßregeln kein Zutrauen hatte und nur Gebete vorschlug. Ein jeder tat was er wollte, und obgleich ein Teil der Soldaten in die umliegenden Gärten verteilt worden war, so wurden diese Leute dennoch weder streng bewacht, noch voneinander genau gesondert. Dem furchtbaren Feind fielen täglich mehr und mehr Opfer, so daß in der kleinen Garnison täglich gegen 40 Menschen starben. Furcht und Verzweiflung vermehrten die Unordnung.

Der Oberbefehlshaber erfuhr den Stand der Dinge, und noch vor Beginn der Kriegsoperationen schickte er einen Arzt und einen Stabsoffizier mit Verhaltungsbefehlen nach Achalzick. Diese Männer brachten den Rest der Garnison am 23. Mai in Biwaks, und ergriffen dieselben strengen Maßregeln, welche schon in Kars in Ausführung gebracht worden waren. Darauf erkrankten in den ersten drei Tagen nur sieben Mann, in den folgenden vier Tagen nur drei, dann hörte die Pest in der Garnison auf. Die Bataillone hielten eine Quarantäne von 24 Tagen aus, traten den Marsch an, machten einen Weg von 600 Wersten[10], vereinigten sich mit dem aktiven Truppenkorps, und die Pest zeigte sich nicht mehr, bis wieder eine neue Ansteckung erfolgt war.

Die Festung Achalzick wurde nun ebenfalls nach strengen Maßregeln gereinigt; sie wurde von neuen Truppen besetzt,

---

[10] Russisches Längenmaß: 1 *Werst* = 1,0668 Kilometer.

welche im Verlauf des ganzen Sommers nichts von der Pest litten, bis sie bei einer neuen Expedition nach Atschur abermals angesteckt wurden. Dieselben Maßregeln mit demselben glücklichen Erfolg wurden angewandt. In Erivan, Elisabethpol, Schemacha und einigen um Tiflis liegenden Ortschaften, wohin die Pest bereits im Jahre 1823 verschleppt worden war, wütete sie ebenfalls im Jahre 1829. – Vom Oberbefehlshaber wurden allenthalben eifrige und tätige Medizinal- und Militärbeamte abgesandt. Die verpesteten Ortschaften wurden mit Kordons[11] umgeben, die strengsten Maßregeln in Ausführung gebracht, und das Übel an Ort und Stelle erstickt.

Im Herbst des Jahres 1829 war die Pest in Grusien und bei dem transkaukasischen Truppenkorps ganz ausgerottet, und hat sich auch bis jetzt daselbst nicht wieder gezeigt.

Indem wir uns zur näheren Untersuchung über das Wesen und die Symptome dieser Krankheit wenden, so müssen wir eines Umstandes erwähnen, der großen Einfluß auf ihren bösartigen Charakter, auf ihren Verlauf und auf ihren unglücklichen Ausgang hatte; ich meine das Entsetzen, das dieser Geißel des Menschengeschlechts vorangeht, und das nur demjenigen begreiflich sein kann, der in der Nähe verpesteter Gegenden gewohnt, und an einem Ort sich aufgehalten hat, an dem der furchtbare Feind erwartet wurde. – Nicht allein der Kleinmütige überläßt sich gänzlich der Verzweiflung, sondern auch der Seelenstarke wird unwillkürlich von dem furchtbaren Gedanken ergriffen, daß die Pest mit allem ihrem Elend nahe, daß dem Verderben nicht mehr zu entrinnen sei; – der Mut sinkt, die Geisteskraft wird schwach, die Phantasie aufgeregt, Seele und Gemüt erbeben gleichsam in ihren Grundfesten; jeder erwartet das schreckliche Übel in dieser Todesangst. Dies sind gleichsam die Vorboten der Krankheit. Welchen grausener-

---

[11] *Kordon*: Militärische Sperrkette.

regenden Szenen begegnet der Beobachter aber vollends da, wo das furchtbare Übel mit seiner ganzen Macht wütet! Ich erlaube mir hier ein Bruchstück aus der Beschreibung des verpesteten Hospitals in Varna mitzuteilen; folgendes sind die Worte des Dr. Ikonikoff, einer der würdigsten unserer Ärzte, der ebenfalls mit vielen anderen als ein Opfer seines edelmütigen Eifers fiel.

„Nachdem ich mehrere verpestete Hospitäler in Bulgarien besichtigt, hielt ich mich zwei Tage in Baltschik auf, um meinen Geist für neue erschütternde Szenen zu stärken, die mir in Varna bevorstanden. Den 22. Juni kam ich daselbst an, und besah die Kranken in der Festung und im Lager. 13 der besten Ärzte und 30 Feldscheerer waren bereits gestorben; mit brechendem Herzen, mit tränendem Auge sah ich hunderte unglücklicher Krieger von furchtbarer Angst und Verzweiflung gepeinigt; im ganzen Hospital waren die alten Diener und Gehilfen ausgestorben, die neuen Ankömmlinge fielen täglich als neue Opfer. Den Verzweifelnden konnte nirgends Hilfe geleistet werden; einige wankten wie Geister in den Krankensälen umher; andere krümmten sich am Boden und starben in einer Lage, die den Zuschauer mit Entsetzen erfüllte, die ihn überzeugte, daß nur die Pest, diese wahre Geißel Gottes, eine solche Szene hervorzurufen vermochte."

Die Pestepidemie, welche in den Jahren 1828, 1829 und 1830 in den russischen Truppenkorps herrschte, trat überall als sehr akute bösartige Krankheit mit Brandbeulen und Brandgeschwüren auf, zu welchen sich, im höchsten Grade der Krankheit, auch Petechien gesellten. Bisweilen kamen Fälle vor, wo die Krankheit in einigen, drei bis sieben, Stunden ohne diese äußeren Erscheinungen tötete, oder es erschienen auch kurz vorher, ja bisweilen erst nach dem Tode, Bubonen. Mitunter nahm das Fieber einen langsameren Verlauf, namentlich von drei bis sieben Tagen, und glich dann sehr einem Typhus, oder es trat unter der Form einer *Intermittens tertiana*[12] auf, welches der Stabsarzt Milowanoff regelmäßig im Hospital zu Anchiola beobachtete, und dann erschienen die Bubonen gewöhnlich nach dem ersten und zweiten Abendparoxismus.[13] An den Orten, wo der moldauische Hemitritäus[14], gastrische, faulige und Nervenfieber, Dysenterien und Skorbut herrschten, da nahm auch die Pest mehr oder weniger den Charakter dieser Krankheiten an. Es ereignete sich auch, daß syphilitische Individuen von der Pest ergriffen wurden; ein Beweis, daß dieselbe gleichzeitig mit anderen Krankheiten auftreten kann. In allen Fällen konnte aber die Pest durch ihre eigentümlichen Zeichen leicht unterschieden werden, namentlich durch ein Gefühl von Rausch oder Dunst, durch Gleichgültigkeit, veränderte Physiognomie, trübes Ansehen der Augen, die gleichsam stellweise mit einem weißen Häutchen bedeckt waren, durch Stammeln und, laut Beobachtung einiger Ärzte, gleich von Anbeginn der Krankheit, durch einen stumpfen Schmerz im Kreuz und in der Lumbalgegend.[15] Auch kamen Fälle vor, in denen die Krankheit ohne allgemeine Leiden, bloß lokal durch Bubonen sich aussprach; es war höchstens ein gewisses Selbstvertrauen bemerkbar, die Kranken suchten ihr Übel zu verbergen und den Arzt zu täuschen, indem sie vorgaben, daß ihre Leistenbeulen schon lange da gewesen wären. Dieser psychologische Zug ist aller Wahrscheinlichkeit nach eine Art von Gleichgültigkeit, eine Seelenstimmung, die bei allen Pestkranken ohne Ausnahme charakteristisch ist. Die mit Bubonen und ohne Fieber auftretenden Pestfälle waren in der ganzen Epidemie am wenigsten

---

[12] *Intermittens tertiana*: Sumpf- oder Wechselfieber.
[13] *Paroxismus*: Heftiger Fieberanfall.
[14] *Hemitritäus*: Bezeichnet ein Fieber, welches an einem Tage schwächer, am nächsten stärker wird.
[15] *Lumbalgebend*: Lendengegend.

gefährlich, so daß einige sehr erfahrene Ärzte (unter anderen Dr. Ammon) solche Kranke für unfähig hielten, die Ansteckung fortzupflanzen. Der Dr. Tschernobajeff versichert, daß solche Leistenbeulen oft monatelang unverändert stehenblieben, und dann durch zufällige Ursachen, Erkältung etc. sich entweder zerteilten, oder auch die Pest zum Ausbruch brachten. – Die Krankheit selbst entwickelte sich folgendermaßen: Im Kreuz und in der Lumbalgegend gingen im Durchschnitt stumpfe Schmerzen voraus, was auch Folkmann in Malta bestätigt[16]; der Patient fühlte abends Frost mit plötzlichem Sinken der Kräfte; das Gefühl von Kälte wurde stärker, ging in Schüttelfrost und nach einer bis drei Stunden in immer zunehmende Hitze über, Durst war selten da, nur bei gastrischer Komplikation hatten die Kranken starkes Verlangen nach kalten und sauren Getränken; die äußeren und inneren Sinne wurden stumpf; dem Kranken war zumute, wie wenn er nach starkem Rausch nicht gehörig ausgeschlafen; dann trat Gleichgültigkeit gegen alles, besonders gegen sich selbst ein, die Gesichtszüge gewannen ein besonderes Ansehen, die Augen wurden trübe, die Augenlieder schwollen an, bei entzündlicher und gastrischer Komplikation waren die Augen rot, ihre Blutgefäße angedrungen, der Blick hatte etwas wildes; es entstand Angst, Druck in der Herzgrube und in der Brust, Übelkeit, unruhiges Umherwerfen; trat Erbrechen ein, so wurde gewöhnlich mit einer kurzen Linderung dieser Symptome eine grünliche Flüssigkeit ausgeleert; – darauf stellten sich Delirien ein, der Kranke versuchte sein Lager zu verlassen und versicherte, daß ihm ganz wohl sei, nach zehn bis zwölf Stunden erschienen, beson-

---

[16] Fußnote d. Verf.: Tschernobajeff versichert, daß der Kranke an der Stelle, durch welche ihm die Ansteckung mitgeteilt worden war, ein stechendes Gefühl, so wie von elektrischen Funken, hatte, worauf bald in den umliegenden Teilen ein Schmerz eintrat, welcher dem Lauf der lymphatischen Gefäße folgte.

ders in der Inguinalgegend[17] und in der Achselgrube, seltener am Hals und in der Submaxillargegend[18] Bubonen, welche meist eine runde, bisweilen eine längliche Gestalt hatten, und entweder einzeln oder zu zweien beisammen standen; in der Inguinalgegend zeigten sie sich immer niedriger als venerische Bubonen unterhalb der Ingunialbeugung[19] oder es stellten sich Brandbeulen und Brandgeschwüre an irgendeinem Körperteil, die Geschlechtsteile und Fußsohlen ausgenommen, ein, in selteneren Fällen unterhalb des Dubo, oder in dessen Nähe, wo dann meistens von der Leistendrüse bis zur Brandbeule ein erhöhter entzündeter Strang sich hinzog.

Mit dem Erscheinen der Bubonen und Karbunkeln verminderten sich scheinbar alle Symptome; dann wurde der Kranke wieder schläfrig; er lag, wie im halben Schlummer, still delirierend, näherte man sich ihm, so fuhr er zusammen und suchte das Bett zu verlassen – im Stehen zitterte er an allen Gliedern, konnte kaum auf den Füssen sich erhalten, sank zusammen und schwankte besonders rückwärts; fiel er dann in

---

[17] *Inguinalgegend*: Leistengegend.
[18] *Submaxillargegend*: d. i. unterhalb des Unterkiefers.
[19] Fußnote d. Verf.: Nach den Beobachtungen von Tschernobajeff erschienen die Bubonen an drüsigen Teilen, die dem Ort der Ansteckung am nächsten lagen. Ein Krankenwärter, welcher zur Verbandzeit von einem verpesteten Kranken einen Dukaten genommen und diesen in den Mund gesteckt hatte, bekam gegen Abend geschwollene Maxillardrüsen, am anderen Tag starb er. Den Leistengeschwülsten gingen oft dumpfe Schmerzen in den in der Nähe liegenden Teilen vorher. Brandbeulen und Brandgeschwüre erschienen meist an der Stelle der ursprünglichen Ansteckung. Der Stabsarzt Alleinikoff, der das Pestfieber mit angeschwollenen Achseldrüsen hatte, spie oft aus; einst traf der ausgeworfene Schleim die entblößte Brust seines Dieners und bald erschien an der Stelle ein Anthrax (*d. i. ein fressendes, brandiges Geschwür*). Ein Weib aus Grusien legte auf den bloßen Leib einen Gürtel, den eine andere verpestete Frau getragen hatte; an der Stelle, wo der Gürtel lag, erschienen mehrere kleine Furunkeln und die Pest brach aus, die Kranke wurde jedoch gerettet, nachdem am anderen Tage ihre Regel eingetreten war.

Ohnmacht, so traten meistens Krämpfe ein, die aber nicht lange dauerten. Öffnete er die Augenlieder, so schienen die Augen wie erstorben, mit einem weißlichen Häutchen überzogen, der Blick war starr, die Gegenstände konnten nicht unterschieden werden, das Gehör wurde schwach; im Verlauf der Krankheit verlor er das Gedächtnis; auf vorgelegte Fragen antwortete der Kranke undeutlich und stotterte – ein Zufall, der lange nach der Genesung zurückblieb; – die Zunge war meistens feucht, in der Mitte mit weißbläulichen, an den Rändern mit graugelblichem Schleim bedeckt. Übelkeit und Erbrechen hörten nicht auf, bisweilen trat dabei Empfindlichkeit im rechten Hypochondrio[20] ein. Der Puls war zusammengezogen, schwach, bisweilen 90 in der Minute; die Haut trocken und heiß, mitunter zeigte sich auf einige Augenblicke ein lokaler Schweiß; – Kot und Urin gingen dem Kranken bewußtlos ab. Dieser gefühllose Zustand wechselte bisweilen mit großer Angst und Unruhe in der Herzgegend; der Kranke krümmte sich am Boden, warf bald Bekleidung und Bettdecke ab, bald wickelte er sich wieder in dieselbe ein, oder riß sie zu diesem Zweck seinem Nebenmann ab und entblößte sich abermals, wobei er gegen alle äußeren Einflüsse ganz unempfindlich war. Zuweilen war er aber auch äußerst empfindlich gegen Kälte, und wenn er Durst hatte, so wurde bloß warmes Getränk vertragen. Die Bubonen blieben unterdessen an Größe und Farbe unverändert, nur beim Druck empfand der Kranke in ihrer Tiefe einen Schmerz. Die Brandbeulen und Brandgeschwüre vergrößerten sich im Durchschnitt sehr schnell, meist von einem Flohstich großen Punkt bis zu zwei Handbreit großen schwarzen Brandschorfen. War der Ausgang günstig, so brach am zweiten oder dritten Tage der entwickelten Krankheit ein Schweiß aus, anfangs am Kopf und am Gesicht, dann auf

---

[20] *Hypochondrie*: Gegend unter den Rippen.

der Brust und dem ganzen Körper. Das Erscheinen eines solchen allgemeinen Schweißes war immer ein Vorbote der Rettung; der Kranke kam danach zu sich, Angst und Gleichgültigkeit verschwanden, das Gesicht nahm wieder seine natürlichen Züge an, die Augen wurden rein, der Brand in den Karbunkeln wurde begrenzt und allmählich abgestoßen, in den Leistenbeulen trat Neigung zur Eiterung ein, und die Gesundheit wurde allmählich wieder hergestellt. Im entgegengesetzten Fall wurden Angst und Unruhe grösser, das Erbrechen hörte auf, der Kranke delirierte beständig fort und starb plötzlich; oder er verfiel in die äußerste Schwäche, wobei aus verschiedenen Körperhöhlen Blutungen eintraten und Petechien zum Vorschein kamen; die Schlafsucht nahm zu, das Atmen wurde schwerer, und mit Flockenlesen[21], Sehnenhüpfen[22] und Schluchzen erfolgte der Tod. – Bei einigen vollblütigen oder auch ausgemergelten Kranken entwickelten sich eben beschriebene Symptome schnell, und der Kranke starb in sieben, bisweilen in drei Stunden. – War das Übel nicht so bösartig, so war der Verlauf auch nicht so schnell; die Krankheit zog sich oft bis zum siebenten Tage und man hatte Zeit zur künstlichen Hilfe. Die Krankheit machte Remissionen und verschlimmerte sich meist gegen Abend. Bei diesem langsameren Verlauf erschienen die Bubonen und Brandbeulen bisweilen erst am dritten oder vierten Tage. Erstere blieben entweder unverändert stehen oder hatten Neigung zur Eiterung, indem sich eine schwärzliche Jauche bildete; letztere nahmen schnell an Größe zu, wurden jedoch auch bisweilen durch die Kunst beschränkt; trat unter solchen Umständen noch Heilung ein, so geschah dies ebenfalls unter kritischen Schweißen am dritten, vierten,

---

[21] *Flockenlesen*: Damit wird ein zittriges, ruheloses Herumfingern des Kranken in der Luft oder über der Bettdecke bezeichnet.
[22] *Sehnenhüpfen*: Krampfhaftes Zucken der Muskeln vor dem Tode

fünften, sechsten Tage. Mitunter erfolgte die Heilung durch eine Lysis[23], und dann verschwanden die Bubonen, in denen bereits Eiterung vorhanden war, ohne alle üblen Folgen. Komplizierte die Krankheit sich mit Durchfall, so war der Ausgang immer tödlich. Erkältete sich der Kranke nach einem kritischen Schweiß, so erneuerten sich alle Symptome, es traten neue Leistengeschwülste hinzu, und der Unglückliche war meistens ohne Rettung verloren. – Wenn die Pest sich mit anderen Krankheiten komplizierte, so waren die Symptome ebenfalls mehr oder weniger, je nach der Form der Komplikation, verändert. Unerfahrene Praktiker kamen dadurch oft in Verlegenheit; jedoch konnte das Übel an seinen Hauptsymptomen und an seiner unbedingten Kontagiösität immer sicher erkannt werden.

Betrachten wir nun nochmals die Symptome, so finden wir, daß das einzige Zeichen eines glücklichen Ausgangs: das Hervorbrechen eines allgemeinen Schweißes war; – ohne diesen endeten nur selten leichtere Fälle glücklich. – Je schneller das Übel auftrat, je stärker das Gehirn angegriffen wurde, je öfter Erbrechen und Durchfall zugegen waren, desto weniger war Hoffnung da. Erschienen Bubonen und Karbunkeln am Hals und hinter den Ohren, so war der Tod unvermeidlich. Mehrere Erfahrungen, besonders die des Dr. Tschernobajeff, bewiesen, daß Leute mit chronischen Krankheiten, mit kalten Fiebern, mit Obstruktionen[24] der Eingeweide, mit Skorbut, mit venerischen Geschwüren, mit Flechten, so wie Frauenzimmer, besonders Schwangere, der Krankheit weniger unterlagen; ebenso waren solche Subjekte mehr gesichert, deren Geist fortwährend tätig war; diejenigen, welche fest auf die Hilfe Gottes vertrauten, die bei ihren Hilfsleistungen gleichsam von höheren

---

[23] *Lysis*: Langsamer, steter Rückgang des Fiebers.
[24] *Obstruktionen*: Verschlüssen.

Gefühlen der Aufopferung beseelt waren, die blind an ein Fatum glaubten – wie die Muslime, – ferner Geisteskranke, – diese alle waren seltener der Ansteckung ausgesetzt und erholten sich schnell, wenn sie auch angesteckt wurden. Auch hatte das Erscheinen der Regel einen bedeutenden Einfluß auf die Leichtigkeit der Krankheit.

Laut Bericht des Dr. Tschernobajeff fand man an den Leichen der an Pest Verstorbener Folgendes: verändertes Gesicht, geöffnete Augen, Biegsamkeit der Glieder, schnelle Fäulnis, die Haut meistenteils rauh. In der Hirnhöhle: die Sinus und andere Gefäße des Gehirns mit Blut überfüllt, wie bei der Apoplexie[25]; Erweichung der Hirnsubstanz, und nicht selten eine Anhäufung von Flüssigkeit in den Ventrikeln[26] und auf der Basis des Gehirns. In der Brusthöhle: die Lungen wenig verändert, bei einigen von marmorartigem Ansehen, der linke Herzventrikel mit schwarzem, geronnenem Blut angefüllt, das an der Luft schnell rot wurde. In der Bauchhöhle: nicht selten Zeichen von Entzündung des Magens und der dünnen Gedärme; bei einigen Leber und Milz vergrößert, wogegen die Gallenabsonderung vermindert schien. In den dicken Gedärmen stinkende Exkremente, der Urin dick und trübe, Nieren und Urinblase entzündet. Die *Tela cellulosa*[27] um Karbunkeln und Bubonen entzündet, besonders längs des Laufes der lymphatischen Gefäße; die Drüsen in der Nähe solcher Lymphgefäße im Unterleib entzündet; der *Ductus thoracicus*[28] mit gelblicher Lymphe angefüllt.

Zu den Ursachen, die zur Verbreitung dieser Epidemie können beigetragen haben, rechne ich:

---

[25] *Apoplexie*: Gehirnschlag.
[26] *Ventrikeln*: Hohlräume der Organe.
[27] *Tela cellulosa*: Zellgewebe.
[28] *Ductus thoracicus*: Ist das größte Lymphgefäß des menschlichen Körpers.

1. Die Eigenschaft des Kontagiums, lange und verborgen an den infizierten Stoffen zu haften.

2. Der dunkle Anfang der Krankheit, welche mit anderen damals herrschenden Krankheiten, besonders mit dem moldauischen Fieber, mit Gehirn- und Darmentzündung, gastrischen und biliösen[29] Fiebern große Ähnlichkeit hatte; auch wurden einige Pestfälle, die mit Bubonen auftraten, mit der Syphilis und mit unschädlichen Geschwülsten der Lymphdrüsen verwechselt. Letzteres beobachtete besonders der Dr. Tschernobajeff, welcher behauptete, daß zuweilen auf solche Art die Pest vier Wochen lang verborgen blieb.

3. Die Quarantänevorschriften wurden entweder gar nicht, oder sehr unvollkommen befolgt.

4. Schmutz, Unreinlichkeit, die Nähe der Kirchhöfe bei Städten und Dörfern, das Verwesen der Leichen und des Aases in der Nähe von Wohnungen und von großen Landstraßen; das Sumpfmiasma[30] an den Ufern der Donau.

5. Eine besondere Beschaffenheit der Luft, der öftere Wechsel der Temperatur, kalte, feuchte Nächte, welche auf heiße Tage folgten, besonders in der Moldau und in der Walachei.

6. Mangel an Lebensmitteln, als eine unumgängliche Folge der Kriegsoperationen.

7. Das Zusammendrängen der Mannschaften in Festungen und in Hospitälern.

8. Die Angst und der Kleinmut beim Erscheinen des Übels, und als unmittelbare Folge davon: übermäßiger Gebrauch spirituöser Getränke, eingewurzelte Vorurteile der Türken, und der Glaube, daß die Krankheit nicht ansteckend sei; einige falsche und verderbliche Ansichten; so glaubte z. B. Napoleon in Ägyp-

---

[29] *Biliös*: Reich an Gallenflüssigkeit.
[30] *Miasma*: Krankheitsverursachende Materie, die durch faulige Prozesse in Luft und Wasser entsteht.

ten, daß man den wahren Namen der Krankheit verschweigen müsse, um Volk und Heer nicht zu entmutigen.

Wenn wir alle historische Data verfolgen, so finden wir, daß die Pest weder aus lokalen Ursachen in der Walachei entstanden, noch daß sie eine Folge des Mangels gewesen sei, welchen jeder Krieg unvermeidlich mit sich bringt; alle Umstände sprechen vielmehr dafür, daß dieses Übel aus seiner gewöhnlichen Urquelle, Afrika, durch die Türkei zu uns verschleppt worden sei.

Die Krankheit war im höchsten Grade ansteckend; sie verbreitete sich durch Berührung der Kranken oder aller Gegenstände, an denen Kontagien hafteten; ja, lagen die Kranken eng beisammen und war keine Reinlichkeit beobachtet worden, so wurden selbst die Ausdünstung und die Exkremente ein Medium zur ferneren Ansteckung. Einige Ärzte waren der Meinung, daß die mit Fieberbewegungen auftretende Pest nur allein ansteckend sei, daß mit Nachlaß des Fiebers sich auch die Kontagiösität vermindere, daß Drüsengeschwülste und Karbunkeln ohne Fieber nicht ansteckend seien, daß sie höchstens leichte Anfälle verursachen. Aber eine solche Voraussetzung darf auf die Praxis keinen Einfluß haben; die medizinischpolizeilichen Maßregeln müssen bei solchen Kranken dieselben sein, wie bei Verpesteten.

Die Geschichte der meisten Epidemien zeigt uns deutlich, daß unvollständige oder verspätete Quarantänemaßregeln die Ursache waren, daß nicht selten ganze Gegenden und Truppenabteilungen als unvermeidliche Opfer diesem furchtbaren Feind unterlagen.

Im Verlauf dieser Epidemie wurden folgende Maßregeln angewandt:

Nachdem unsere Truppen Bukarest eingenommen, wo die Pest gleichsam in der Asche geglimmt und bei nachlässigen medizinisch-polizeilichen Maßregeln sich unter den Einwohnern auszubreiten angefangen hatte, so wurde ein Komitee von Militär-Zivilbeamten und Ärzten errichtet. Die Meinung der Mitglieder dieses Komitee über das Wesen der Krankheit war nicht übereinstimmend. Der Korpsstabsdoktor Ammon, der schon früher Gelegenheit gehabt, die Pest zu beobachten, erkannte auch hier die Krankheit, und drang darauf, daß in Bukarest die gegen die Pest vorgeschriebenen Maßregeln ergriffen und namentlich die Kranken von den Gesunden streng getrennt werden sollten; für die Notwendigkeit dieses Verfahrens stimmte auch der Oberarzt der Armee Dr. Schlegel. Aber viele Ärzte, besonders die einheimischen, leugneten die Gegenwart der Pest. Demnach traf das Komitee folgende Anordnungen: die Stadt wurde in sechs Distrikte abgeteilt, und jeder einem Zivilarzt zur Aufsicht anvertraut; die Erkrankten brachte man in ein besonderes Pesthospital, das außerhalb der Stadt gelegen war, die Verdächtigen wurden ebenfalls abgesondert und waren der Aufsicht eines Arztes übergeben; die Häuser der an Pest Erkrankten wurden gesperrt und vermittelst Räucherungen mit Chlorgas gereinigt; die Stadt selbst aber wurde nicht mit einem Kordon umgeben.

Hieraus ergibt sich, daß die allgemeinen Hauptmaßregeln, die allein imstande waren, das Übel in seiner Verbreitung aufzuhalten, von dem Komitee in Bukarest insoweit unberücksichtigt blieben, daß selbst große Truppenabteilungen sorglos in der Stadt einquartiert wurden.

Die Unentschlossenheit und die Ungewißheit der Ärzte waren die Ursachen des großen Unglückes. Am 23. Mai erkrankte zuerst ein Gemeiner des 33. Jägerregiments, namens Mathei Zusoff, dann folgten noch andere. Die Kranken wurden streng abgesondert; in den Regimentern selbst wurden aber keine allgemeine strenge Maßregel ergriffen.

Beim beständigen Durchmarsch der Truppen durch Bukarest wurde durch dieselben die Krankheit in die herumliegenden Dörfer verschleppt. Einzelne Bataillone und Regimenter, in denen die Krankheit erschien, wurden abgesondert und streng bewacht, die Kleider wurden mit Chlordämpfen durchräuchert; in den Hospitälern wurden drei Abteilungen eingerichtet: für Verpestete, für Verdächtige, und für an anderen Krankheiten Leidende, unter welchen die Kommunikation gänzlich aufgehoben war. Die Beerdigungen wurden an einzelnen Orten mit den nötigen Vorsichtsmaßregeln unternommen, und Sachen und Betten der Verstorbenen verbrannt. In einzelnen Truppenabteilungen wurden ferner die Marketender und alle neu Ankommenden entkleidet und besichtigt, Räucherungskästen zur Reinigung von Briefen und von Papieren eingerichtet. – Einige Hospitäler wurden sogar der Reinigung nach den Quarantänevorschriften unterworfen, und blieben hernach noch 14 Tage unter strenger Aufsicht. – Bisweilen wurden auch verpestete Dörfer mit Kordons umgeben, und einzelne Häuser, in denen sich Pestkranke fanden, gesperrt. Jedoch waren diese Maßregeln sehr unvollständig; – daher wurde auch das Übel in einzelnen Gegenden glücklich bekämpft, in anderen brach es immer wieder von neuem aus. Nachdem dermaßen die Pest in viele Dörfer und Regimenter sich verbreitet hatte, waren alle Bemühungen der Behörden vergebens. – Die Berührung und Gemeinschaft der Erkrankten mit den Gesunden konnte gar nicht mehr vermieden werden.

Die Obermedizinalbehörde in Rußland, welche den Ansichten und Leistungen des Komitee in Bukarest wenig Vertrauen schenkte, hielt es für nötig, noch andere Maßregeln in Ausübung bringen zu lassen, um Rußland vor der Pest zu schützen. – Aus diesem Grund wurde auf Befehl des Oberfeldherrn in der Hälfte des Juni den Dnjepr entlang die strengste Quarantäne eingeführt, alle Durchreisenden wurden 16 Tage bewacht und ihre Sachen gereinigt.

Wegen der Kriegsoperationen war es nicht mehr möglich, die ganze Gegend, wo die Pest ausgebrochen, mit einem Kordon zu umgeben. Nur diejenigen Ortschaften und Truppenabteilungen, in denen das Übel eben auftrat, wurden einer 14tägigen Quarantäne unterworfen. Um die aktive Armee in Bulgarien so viel als möglich zu schützen, wurde für alle, welche vom linken Donauufer an das rechte wollten, eine Quarantäne in Hirsowa gegen Ende Juli errichtet, welches auch noch im Monat August an einem anderen Ort im Rücken der Armee geschah, um das Heer, welches Schumla belagerte, vor der Ansteckung durch Überläufer oder durch andere Personen sicher zu stellen. Auf diese Art blieben die Truppen in Bulgarien im Jahre 1828 von der Ansteckung frei.

Im Monat November desselben Jahres griff die Pest in der umliegenden Gegend von Bukarest immer mehr und mehr um sich, obgleich nach Zurückkunft des Hauptquartiers vom linken Donauufer, das Übel als wahre Pest anerkannt, und gegen dasselbe die strengste Quarantäne eingeleitet worden war.

Der Oberarzt der Armee, Dr. Schlegel, wurde daher zur Besichtigung der verpesteten Gegenden abgeschickt. Er hielt es für notwendig, den früheren Verordnungen noch folgende beizufügen:

1. Alle Einwohner eines verpesteten Hauses mußten ohne Aufschub in Biwaks außerhalb des Ortes gebracht, und die Erkrankten streng von den Gesunden getrennt werden.

2. Von allen, die auf solche Art aus ihren Wohnungen fortgebracht waren, mußten Kleidung und Wäsche verbrannt werden, wogegen sie neue erhielten, die zuvor in Salzwasser abgewaschen waren.

3. Die verpesteten Häuser mußten niedergebrannt, und Keller, in denen große Weinvorräte waren, ausgewittert werden.

4. Den abgesonderten Kranken und den Verdächtigen mußten Arzneien und Nahrungsmittel mit der nötigen Vorsicht in Gegenwart eines Beamten verabreicht werden.

5. Nachdem die Kranken hergestellt und die Verdächtigen die gehörige Zeit beobachtet worden waren, mußte der ganze Körper, besonders die Haare, mit warmen Salzwasser abgewaschen, und abermals neue Kleider und neue Wäsche angelegt werden; dieses geschah schon außerhalb des Kordons. Geld und anderes Metall wurden mit Essig oder Wasser abgewaschen – die Kleider, die in der Quarantäne getragen, und die Hütten, die daselbst bewohnt worden waren, mußten verbrannt werden.

6. Die Wohnungen derjenigen Individuen, welche nur als verdächtig die Quarantäne aushielten, mußten mit weißer Farbe übertüncht, alle Kleider und Geräte in Wasser oder Lauge gewaschen und aus gewittert, und was nicht gereinigt werden konnte, verbrannt werden.

7. Die Toten mußten drei Ellen[31] tief in die Erde verscharrt, und eine viertel Elle hoch mit Kalk beschüttet werden.

Um alles dieses in Ausführung zu bringen, wurde die Aufsicht des Ortes einem Militärbeamten anvertraut; in einigen Gegenden wurden Hospitäler für Kranke und Verdächtige erbaut. Für zehn Dörfer war immer ein Arzt bestimmt. – Um dieselbe Zeit brach die Pest im russischen Observationskorps aus, welches die Festung Jurza belagerte. Der Oberarzt der Armee, Dr. Schlegel, ergriff hier folgende Maßregeln. Die ganze Truppenabteilung mußte teilweise gereinigt werden, in welcher Absicht die Soldaten in besondere neuerbaute Hütten, von denen eine jede zehn Mann faßte, untergebracht wurden; Kleider und Wäsche wurden ihnen abgenommen und andere

---

[31] 1 russ. Elle (*Arschin*) = 0,71 Meter.

von gesunden Soldaten oder Einwohnern angelegt, und auf diese Art waren sie 20 Tage hindurch abgesondert. Ihre Effekten mußten nach der Quarantänevorschrift gereinigt werden. Da aber in allem nur 300 brauchbare Bekleidungen aufgetrieben werden konnten, so war diese Maßregel auch nicht wirksam genug. In den Regimentern des zweiten Infanteriekorps, das in der Walachei stand, wurden außer den bekannten angeführten Maßregeln vom Korpsarzt Dr. Cholodowitsch der Befehl erteilt, täglich alle Soldaten entkleidet zu besichtigen.

Im Anfang des Jahres 1829 erschien die Pest in einigen Ortschaften in der Moldau; da man strenge Quarantänemaßregeln anwandte, so wurde sie bald erstickt.

Um dieselbe Zeit wurde in Bukarest, statt des obenerwähnten Komitee, ein höchstes Komitee eingesetzt, welches sich mit der Ausrottung des Übels in der Moldau und der Walachei zu beschäftigen hatte. Der General Graf Langeron, Vorsitzer dieses Komitees, führte in den Hospitälern eine bessere Ordnung ein.

Nachdem die Pest mit Ende des Jahres 1829 auch in Hirsowa ausgebrochen war, so wurde diese Stadt mit einem Kordon umgeben, und die in den Quarantänen vorgeschriebenen Maßregeln in Ausführung gebracht.

Im Monat März desselben Jahres wurde die Pest in Bulgarien, in der Moldau und in der Walachei ein epidemisches, gastrisch-nervöses, pestartiges Fieber benannt. Man nahm an, daß die kalten und feuchten Wohnungen, das Sumpfmiasma, das ungesunde Wasser und alle Arten von Entbehrungen, die im Krieg unvermeidlich sind, die Ursache der Krankheit geworden. Die Quarantäne und die Kordons um Dörfer und Städte wurden aufgehoben, in der Voraussetzung, daß sie überflüssig, ja sogar schädlich wären; denn man glaubte, daß dadurch Menschen zusammengedrängt würden, und die Not vergrößert werde. Die Räucherungen mit Chlorgas wurden eingestellt, und überall die freie Kommunikation wieder hergestellt. Nur einzelne Häuser wurden gesperrt, und nur solche Maßregeln ergriffen, welche auf die lokalen Ursachen hinwirkten. Sobald irgendwo das kontagiöse Fieber ausbrach, wurden die Erkrankten ins Hospital gebracht, und Wäsche und Kleider mit Essig gewaschen und geräuchert. Zu letzterem Zweck wurde auch Rauch aus zerhackten frischen Baumzweigen angewandt. Die Truppen wurden aus den ungesunden Lagerstädten in gesunde, offenliegende Gegenden transportiert, denn Feuer, Rauch, Wind und Wasser wurden immer als die besten Mittel gegen dieses Kontagium angesehen. Die Folge zeigte aber bald, wie verderblich die Maßregeln waren. Nachdem die unvollständigen Quarantänen und Kordons aufgehoben worden, war auch der Pest gleichsam Tor und Riegel geöffnet; sie verheerte mit Riesengewalt alle Gegenden der europäischen Türkei, wo russische Truppen campierten, so wie alle Hospitäler. Nur in Bukarest, in Brailow, in einigen Hospitälern und bei einzelnen Truppenabteilungen, wurden die Quarantänevorschriften befolgt; jedoch auch hier nur nach Gutdünken der Ärzte und der Kommandeure, und nur den schwachen Kräften entsprechend, welche diesen Männern zu Gebote standen.

Gegen Ende des Monats Juni teilte ein Komitee von Ärzten vom Hauptquartier aus besondere Vorschriften mit, die zum Bekämpfen des Übels in Dörfern, Hospitälern und Lagern angewendet werden sollten, und obgleich die Krankheit nicht bei ihrem wahren Namen genannt wurde, so unternahm man doch gegen sie Maßregeln, wie gegen die eigentliche Pest. – Nur traf man in diesen Anordnungen kleine Veränderungen, namentlich wurde die Beobachtungszeit der Verdächtigen verändert. Um das Hauptquartier von Schumla zu schützen, wurde vom Generalstabsdoktor festgesetzt, daß alle Marketender und alle Leute im Troß alle drei Tage besichtigt werden sollten. – Damit die Pest aber von Varna aus nicht ins Lager verschleppt werde, befahl der Chef des Generalstabes, eine Quarantäne in Jenibazar, 15 Wersten von Schumla, einzurichten; jedoch wurde hier bloß ein Zeitraum von sechs Tagen zur Beobachtung festgesetzt, und dieses war auch die Ursache, weshalb die Quarantäne dem Übel nur schwache Grenzen setzte. Im Anfang des Monats Juli wurde beim Hauptquartier der aktiven Armee noch ein besonderes Komitee zur Vertilgung dieser anstekkenden Krankheit (welche man immer noch nicht Pest nannte) eingesetzt. – Als die Truppen gegen den Balkan rückten, wurde eine Quarantäne in Gebedje ganz nach den Grundsätzen der von Jenibazar errichtet, welche das Hauptquartier und die Armee vor der Pest schützen sollte. Mit dem weiteren Fortrücken der Truppen wurde die Quarantäne in Gebedje aufgehoben und eine neue in Missembria, Anchiola und Burgas eingeführt. Aber aus obigen Ursachen verfehlten alle ihren Zweck und das Übel verbreitete sich in allen Hospitälern Rumeliens. – Um dieselbe Zeit wütete die Pest in Varna. Alle Einwohner wurden zur Stadt hinausgebracht, in sechs Kolonien abgesondert, und auf die höherliegenden Stellen der Umgegend unter militärische Aufsicht verteilt. Man zog Erkundigung ein, auf welche Weise sonst beim Erscheinen der Pest verfahren worden sei? und es ergab sich, daß in den Jahren 1796, 1813 und 1824 das Übel in Varna gewütet habe und daß zu jener Zeit die Einwohner ebenfalls die Stadt verlassen hätten, ohne etwas von ihren Sachen mitzunehmen; so wie daß sie nach Entfernung der Gefahr, alles was verpestet gewesen war, verbrannt und das Nachgebliebene drei Tage lang in Wasser gehalten hätten. Diese Aussage wurde ebenfalls von dem dortigen Erzbischof bestätigt. Das Komitee in Varna erlaubte hierauf fußend den Einwohnern, ihre Sachen nach und nach zu reinigen, wobei auch zugleich die Häuser von außen und innen geweißt wurden.

Gegen Ende Juni wurde die Pest nach Bessarabien verschleppt, und zwar von Individuen, die bloß viertägige Quarantäne gehalten hatten. Der Generalgouverneur Bessarabiens, Graf Woronzoff, erbat sich vom Oberbefehlshaber die völlige Wiederherstellung der Quarantänen am Pruth und an der Donau. Auf namentlichen Befehl Seiner Majestät wurden die Kuriere von nun an bloß bis an die Grenze versandt, wo andere ihre Depeschen übernahmen.

Am 1. August wurden auf Befehl Seiner Majestät die Quarantänen am Pruth und am Dnjepr wiederhergestellt, und laut einer Ukase[32] vom 21. August 1813 waren am Pruth 14, am Dnjepr 21 Tage zur Kontumaz[33] festgesetzt. Durch diese Maßregeln wurde die Pest von der Grenze Rußlands zurückgehalten.

Im Anfang des Augusts wurde die Krankheit nach Silistria verschleppt; eine strenge Quarantäne bekämpfte jedoch bald den Feind. Am 20. August setzte das höchste Komitee beim Hauptquartier als Regel für alle Quarantänen und für alle Postillons fest, daß alle Postpakete, welche aus Rußland kamen, bloß von außen gereinigt, dahingegen alle Pakete aus verdächtigen Gegenden in Gegenwart des Postillons erst entsiegelt, und dann gereinigt werden sollten; Briefe wurden einzeln desinfiziert, klingende Münze wurde sogleich mit der Emballage[34] in Essig gelegt; um dieselbe Zeit wurde in den Fürstentümern der Moldau und Walachei auf Anordnung des dortigen Oberarztes, Dr. Cholodowitsch, anbefohlen, daß diejenigen, welche sich den Kranken näherten, in Teer getränkte Kittel tragen, – daß die Kranken aus den Hospitälern in besondere hölzerne Gebäude

---

[32] *Ukase*: Bezeichnung für einen Regierungserlaß in Osteuropa.
[33] *Kontumaz* = Quarantäne.
[34] *Emballage*: Verpackung.

transportiert, – daß die Gebäude und die Wäsche der Hospitäler durch Chlor gereinigt – und daß alle Kranken, die noch nicht angesteckt waren, aus den Hospitälern, wo die Pest wütete, mit den nötigen Vorsichtsmaßregeln in das pestfreie Hospital von Bukarest gebracht werden sollten.

Auf diese Art wurden die Kranken vom sicheren Verderben gerettet. Im Monat Oktober wurden Quarantänen in Balschik, Kowarna, Mongali, Basartschik, Kistendje, Babadag, Gultshi und Isaktschi nach denselben Grundsätzen wie bei Jenibazar errichtet, weshalb sie auch ohne Nutzen waren. Zu gleicher Zeit wurden alle Marketender streng abgesondert und durften ihren Handel nur mit allen möglichen Vorsichtsmaßregeln betreiben; auch wurden allenthalben die Schenken aufgehoben. Diese letzteren Maßregeln brachten großen Nutzen.

Mit Ernennung des Staatsrates Cholodowitsch zum Generalstabsdoktor im November 1829 wurde die Krankheit allgemein für die Pest erklärt.

Von nun an wurden auch alle medizinisch-polizeilichen Maßregeln der Quarantäneverordnung allenthalben vorgeschrieben und in Ausführung gebracht. Auf Antrag des höchsten Komitee publizierte der Generalstabsdoktor in einem Werkchen besondere Verordnungen zur Bekämpfung der Pest. Dasselbe wurde in Burgas gedruckt, und später auf Befehl der türkischen Regierung ins Türkische übersetzt.

Im transkaukasischen Truppenkorps wurde folgendermaßen verfahren: als bei Belagerung der Festung Kars die Pest daselbst ausbrach, so wünschte der Oberbefehlshaber darüber Erkundigungen einzuziehen, weshalb die in Konstantinopel wohnenden Griechen am wenigsten von der Krankheit befallen werden? Der Dolmetscher, Herr Staatsrat von Wlangaly, berichtete, daß die Griechen gleich beim Erscheinen der Pest, die allerstrengsten Vorsichtsmaßregeln ergreifen; ein Umstand, der von den Türken vernachlässigt wird; die Berührung mit Verdächtigen wird, so viel wie möglich, vermieden; ein jeder der in seine Behausung zurückkehrt, kleidet sich ganz und gar um, und taucht schon im Vorhaus die angehabten Kleider in Wasser; findet sich aber in irgendeinem griechischen Haus ein Pestkranker, so verläßt die ganze Familie gleich die Wohnung; Türen und Fenster werden geöffnet und alles zwei Wochen lang gewittert; alle gebrauchte Effekten werden auf zwei Tage in Wasser gelegt, alle Mobilien, so auch alle Dielen und Wände, werden sorgfältig mit Wasser abgewaschen; dann kehren nach zwei Wochen die Einwohner zurück. – Folglich ist nach ihren Ansichten Wasser das beste und sicherste Mittel, um das Pestkontagium zu zerstören.

Nachdem der Oberbefehlshaber diese Erkundigungen eingezogen, so faßte er den festen Entschluß, diese Erfahrungen zu benutzen, und mit Hilfe ihrer und der übrigen Quarantänevorschriften bekämpfte er das Übel gleich vom ersten Tage seines Erscheinens.

Obgleich die Ärzte auch hier in Benennung der Krankheit uneinig waren, so wurden dennoch gleich anfangs folgende Maßregeln ergriffen.

1. Alle Regimenter und Bataillone, ja sogar die Zelte, wurden voneinander entfernt aufgestellt.

2. Alle Effekten der Generale, Offiziere, Soldaten und aller bei der Armee befindlichen Leute (der Tagesbefehl sagt: vom Feldmarschall an bis zum Trommelschläger) wurden auf 24 oder 48 Stunden in Flüsse oder in stehendes Wasser gesenkt; weiche Gegenstände wurden ausgeklopft; – Zelte, Kleider, Ammunition, Flinten, Hausgeräte, Pferdegeschirre etc. wurden diesem Verfahren unterworfen. – Alles Fuhrwesen wurde im Fluß gewaschen.

3. Alle Menschen im ganzen Truppenkorps mußten, ohne Rücksicht auf die Witterung, sich täglich baden, oder mit

Wasser abwaschen; Pferde und Haustiere wurden ebenfalls in den Fluß getrieben

4. Es erhielt ferner ein jeder lederne, oder leinene mit Öl oder Fett beschmierte Handschuhe, und keiner durfte etwas mit entblößten Händen berühren.

5. Bei Tisch wurden weder Tischtücher noch Servietten gebraucht, um alle Berührung zu vermeiden.

6. Alle ins Lager gebrachten Lebensmittel, Brot und auflösbare Sachen ausgenommen, wurden abgewaschen, ebenso Geflügel. Das Rindvieh mußte durch den Fluß waten.

7. Alle, selbst der Oberbefehlshaber, wurden entblößt täglich zwei Mal von Ärzten untersucht, wobei der zu Besichtigende sich mit der flachen Hand die Achsel und die Inguinalgegend betasten mußte Nach einer jeden solchen Untersuchung mußten die Obristen den Brigadegeneralen, und diese wieder persönlich dem Oberbefehlshaber Rapport abstatten.

8. Diejenigen, welche sich als Kranke oder als Verdächtige erwiesen, wurden auf der Stelle ins Hospital der Verpesteten oder der Verdächtigen transportiert, wo man mit ihnen aufs strengste nach der Quarantäneverordnung verfuhr, mit dem Unterschied, daß zum Reinigen Wasser angewandt wurde.

9. Das Zelt, in dem sich ein Verpesteter oder ein Verdächtiger vorfand, wurde mit allen darin befindlichen Leuten und Sachen außerhalb des Lagers gebracht und gesperrt; – bei an der Pest Erkrankten auf 14, – bei Verdächtigen nur auf sieben Tage, wenn sich der Verdacht nicht als gegründet erwies. Das Zelt selbst, so wie auch alle Effekten, wurden abgewaschen oder in Wasser versenkt, und zu dieser Operation gebrauchte man nur die Leute, welche in demselben Zelt wohnten.

10. Unter den Truppen wurde auf alle mögliche Weise ein froher Mut unterhalten, allenthalben spielte Musik, es wurden Lieder gesungen, und die Grusier, denen solche Zerstreuungen

vorzüglich gefielen, tanzten und sangen ganze Nächte hindurch; auch wurden bei ihnen die wenigsten Kranken bemerkt.

11. Die Lagerstätten wurden öfters geändert, wenn möglich aufwärts an einem Fluß, und was nicht mitgenommen werden konnte, wurde verbrannt.

12. In Festungen, Städten und Dörfern, wo sich Pestkranke zeigten, wurde nach den Verordnungen der Quarantäne verfahren. Die Ortschaften wurden zur besseren polizeilichen Aufsicht in kleinere Bezirke geteilt; ganze Dörfer wurden mit Kordons umgeben. Lebensmittel wurden bloß bis zum Kordon gebracht, und hier, ohne mit den Gesperrten in unmittelbare Berührung zu kommen, abgegeben; die Frauenzimmer wurden durch Weiber besichtigt. – Häuser, in denen Pestkranke gewesen waren, wurden nach deren Tod oder Entfernung ausgewaschen, ausgewittert, und von neuem beworfen. – Alle diese Häuser waren durch ein gelbes Fähnlein bezeichnet.

13. Die Truppen wurden aus den verpesteten Städten in Biwaks längs eines Flusses verlegt, und die Reinigung bei ihnen, wie schon gesagt, durch Wasser unternommen.

14. Erschien die Pest in einem Hospital, so wurden die Kranken ebenfalls in andere Gebäude transportiert, und dieselben, so wie ihre Effekten, durch Wasser gereinigt. Die Gesunden badeten sich täglich im Fluß, die Schwächlichen wurden mit warmen Wasser abgewaschen.

15. Im Jahre 1828 wurde außer dieser Reinigungsmethode mit Wasser auch noch das Räuchern mit Mineralsäuren gebraucht. Im Jahre 1829, nachdem man sich vom Nutzen des Wassers überzeugt hatte, wurden alle Gegenstände, die nicht auflösbar waren, allein durch Wasser gereinigt. Bei dieser Gelegenheit muß bemerkt werden, daß die türkischen Geistlichen verpflichtet sind, mit entblößten Händen jeden Verstorbenen abzuwaschen. – Diese Zeremonie wurde während der

ganzen Epidemie streng erfüllt – und die Geistlichen wurden nicht angesteckt, obgleich sie die Bubonen dabei ausdrücken und abwaschen mußten. Alles, was sie zur Vorsicht beobachteten, war, daß sie sich die Arme bis zum Ellenbogengelenk mit einer Auflösung aus Seife und Wasser wuschen.

Allenthalben, wo man streng die Befehle des Oberfeldherrn ausführte, wo man das Wasser gleich beim Erscheinen des furchtbaren Übels zur Reinigung anwandte, da wurde es auch jedesmal sicher gegen den 15ten Tag besiegt; die einzelnen angesteckten Abteilungen mußten dann noch eine Quarantäne von 14 Tagen aushalten, und wenn die Krankheit sich nicht wieder zeigte, so wurden sie zur aktiven Armee abgeschickt, ohne jemals selbige angesteckt zu haben.

Zu den Ursachen, welche auf die Abnahme und das gänzliche Verschwinden des Pestkontagiums Einfluß hatten, müssen folgende gerechnet werden.

1. Veränderungen in der Atmosphäre und besonders die Nord- oder Seewinde, anhaltende Sommerhitze oder Winterkälte.

2. Veränderungen in der Rezeptivität des Organismus; es scheint, daß hier Gewohnheit, Kaltblütigkeit, Mut großen Einfluß hatten.

3. Die genau befolgte Einführung der Quarantänevorschriften und aller medizinisch-polizeilichen Maßregeln, die gegen die Pest vorgeschrieben wurden, wie z. B. die Absonderung der Verpesteten und der Verdächtigen, die tägliche Besichtigung der Gesunden, das Tragen von Handschuhen, die mit Öl getränkt waren; das Vermeiden alles Betastens mit bloßen Händen, die Einrichtung besonderer Zimmer in den Hospitälern, wo die Kranken untersucht wurden; das strenge Absondern der Kranken, ferner, daß dieselben in den Krankensälen nicht gedrängt zusammenlagen; die Reinigung der Luft

durch Zugwind, so wie der Kleider und anderer Kontagium fassender Stoffe durch Wasser und Räuchern mit Chlor, die Auswahl solcher Krankenwärter, welche schon die Pest überstanden hatten, das Transportieren der Gesunden und der Kranken in Biwaks, die Ausrottung der Katzen, Hunde usw.

Was die Behandlung betrifft, die im Verlauf dieser Epidemie angewandt wurde, so läßt sich von ihr nichts bestimmtes sagen; denn der größte Teil der Ärzte, welche genaue Auskunft hätten geben können, fiel als Opfer der Krankheit; andere wiederum irrten in ihren Voraussetzungen über das Wesen der Krankheit, indem sie ein nervöses, gastrisches, pestartiges Fieber annahmen, oder indem sie die Pest mit anderen epidemischen Krankheiten, mit dem Hemitritäus, mit gastrischen, nervösen und putriden[35] Fiebern usw. verwechselten.

Im letzteren Fall war die Behandlung der Art, wie sie diesen Krankheiten angemessen ist. Man nahm seine Zuflucht zu auslösenden, ausleerenden und schweißtreibenden Mitteln; es wurden angewandt: Mittelsalze, besonders *Sulphas Potassae*[36] und *Magnesiae*[37], *Acetas*[38] und *Citras Potassae*[39], *Tartarus Stibiatus*[40], bisweilen *Submurias Hydrargyri*[41], *Vesicantia*[42], Senfteige, oft China oder *Sulphas Chinini*[43], endlich *Excitantia*[44], vorzüglich *Arnica*[45] und *Valeriana*.[46] Diejenigen Ärzte, welche

---

[35] *Putrid*: Fäulniserregend.
[36] *Sulphas Potassae*: Schwefelsaure Pottasche.
[37] *Magnesiae*: Magnesium.
[38] *Acetas*: Essig.
[39] *Citras Potassae*: Zitronensaure Pottasche.
[40] *Tartarus Stibiatus*: Brechweinstein.
[41] *Submurias Hydrargyri*: Kalomel, Hornquecksilber.
[42] *Vesicantia*: Blasenkäfer.
[43] *Sulphas Chinini*: Schwefelsaures Chinin.
[44] *Excitantia*: Reizende, belebende und nervenbelebende Mittel, welche die Energie des Gesamtorganismus erhöhen.
[45] *Arnica*: Arnika.
[46] *Valeriana*: Baldrian.

die Krankheit für ein besonderes gastrisches Nervenfieber hielten, rieten allgemein den Gebrauch folgender Mittel: Begießen des Körpers, besonders des Kopfes, mit kaltem Wasser, Brechmittel aus *Tart. Emet*; schweißtreibende Mittel, wie Tee von *Sambuc*[47] und anderen ähnlichen Kräutern, Senfteige an die Waden und Lenden; einmal am Tag ein oder zwei Spitzgläser einer Auflösung von Aloe, Salmiak und Salpetersäure, von jedem zu drei Drachmen[48] auf einen Stoff warmen Wassers; war die Krankheit bösartig, die Ansteckungsfähigkeit groß, so wurden kalte Sturzbäder, Kauterisation der Bubonen und innerlich Chlorauflösung angewandt. Die Ärzte, welche das Übel als wirkliche Pest anerkannten, stimmten in ihrer Behandlung meist mit den Vorschriften überein, die wir in den „Praktischen Bemerkungen über die Pest, vom Obermedizinalinspektor der Armee," mitgeteilt finden, und befolgten die Heilmethoden anderer Ärzte, die schon Pestepidemien beobachtet hatten.

Obgleich diese Methoden nicht immer den gehegten Erwartungen entsprachen, so kamen doch auch bisweilen gelungene Heilungen vor. Der größte Teil der Ärzte hielt die Pest für eine entzündliche Krankheit, und richtete gegen sie die antiphlogistische Heilmethode in ihrem ganzen Umfang, wie z. B. Aderlässe, oft bis zu Ohnmachten, Blutegel und blutige Schröpfköpfe am Hals und in der Herzgrube, kalte Umschläge oder Schnee auf den Kopf, spanische Fliegen an den Nacken, Senfteige an die Waden, Fußbäder mit Senf. Innerlich *Nitrum*[49], *Kalomel*, *Digitalis*[50] – diese Methode und namentlich der Aderlaß war selten von gutem Erfolg. Mit Blutegeln,

---

[47] *Sambuc*: Holunder.
[48] 1. *Drachme*: Ca. 3,75 Gramm.
[49] *Nitrum*: Salpeter.
[50] *Digitalis*: Bezeichnet Wirkstoffe, die auf das Herz eine positive, kräftigende Wirkung haben.

Kalomel und Digitalis richtete man mehr aus, ersterer wurde zu drei bis fünf Granen[51], letztere zu einem Gran vier bis fünf Mal täglich, gereicht.

Diejenigen Ärzte, welche einen fauligen Charakter der Krankheit annahmen, und, obgleich sie eine Entzündung voraussetzten, dennoch an eine schnelle Zersetzung der Säfte glaubten, verschrieben Mineralsäuren, besonders *Acid. Sulphuricum et nitricum*[52], *China*, *Columba*[53], *Serpentaria*[54] und roten Wein. – Diejenigen, welche das Übel als ein besonderes Nervenfieber betrachteten, gaben *Arnica* mit *Camphor*[55] und *Äther*, ließen *Camphorspiritus* äußerlich einreiben, verordneten *Vesicantia* und Senfteige; bisweilen wurde auch Kalomel gereicht, dreimal täglich zu einer halben Drachme pro Dosis; oft trat danach *Ptyalismus*[56], jedoch ohne Nutzen, ein. – Bei Unreinigkeiten in den ersten Wegen wurden nach Umständen Brechmittel, entweder aus *Tartarus stibiatus*, oder aus *Ipecacuanha*[57], oder auch Abführungsmittel aus Tamarinden mit *Sughas*[58], oder *Supertartras Potassae*[59], mit Manna[60], mitunter Rizinusöl, gereicht. – Nachdem die ersten Wege gereinigt waren, gab man nicht selten die bekannten *Diaphoretika*[61], auch Punsch, und verordnete warme Bäder.

Im transkaukasischen Truppenkorps gebrauchte Dr. Schuller gleich vom Beginn der Epidemie an Einreibungen mit warmen Baumöl; gewöhnlich trat darauf ein allgemeiner Schweiß ein.

---

[51] *Gran*: Etwa 0,065 Gramm.
[52] *Acid. Sulphuricum et nitricum*: Schwefel- bzw. Salpetersäure.
[53] *Columba*: Kalumbawurzel.
[54] *Serpentaria*: Schlangenwurzel.
[55] *Camphor*: Kampfer.
[56] *Ptyalismus*: Speichelfluß.
[57] *Ipecacuanha*: Brechwurzel.
[58] *Sughas*: Waldgeißblatt.
[59] *Supertartras Potassae*: Weinstein.
[60] *Manna*: Mannaesche.
[61] *Diaphoretika*: Schweißtreibende Mittel.

Das Mittel brachte besonderen Nutzen und soll nach Schullers und anderer Ärzte Meinung um desto sicherer geholfen haben, wenn Baumöl abwechselnd mit grauer Quecksilbersalbe in die Schenkel und Inguinalgegend eingerieben wurde. – Das Waschen des Körpers mit Salzwasser soll dieses Verfahren noch kräftiger gemacht haben. – Schuller bemerkt, daß es sicher geholfen habe, sobald es beim ersten Erscheinen der Krankheit angewandt wurde, – trat Schweiß und Speichelfluß ein, so wurden andere fettige vegetabilische Substanzen angewandt; Butter und Tierfett sind jedoch nicht versucht worden. – Man machte ferner die Bemerkung, daß dieses Mittel, indem es die Hautoberfläche des Kranken bedeckte, und sich in die Kleider einzog, das Kontagium gleichsam zerstörte, und die Berührung verpesteter Menschen oder Effekten ganz unschädlich machte.

In der europäischen Türkei, besonders im Hospital von Adrianopel, hatte man meistens alle Heilmethoden mit Nachteil versucht; am Ende Dezember 1829 nahm man ebenfalls seine Zuflucht zu den Einreibungen mit Öl; der Erfolg übertraf alle Erwartungen. Nachdem das Zimmer, in welchem sich der Kranke befand, durch ein Kohlenbecken oder auf andere Art erwärmt worden war, wurde mittelst eines wollenen Lappens ein Pfund heißen Baumöls in die ganze Körperoberfläche stark und schnell eingerieben; der Kranke wurde darauf bedeckt und dieses Verfahren an dem folgenden Tage wiederholt, und so lange fortgesetzt, bis alle Symptome verschwunden waren. – Diese Methode wurde auch als Vorbeugungsmittel angewandt. Die Experimente, die man im Hospital zu Adrianopel anstellte, schienen den Beweis zu liefern:

1. Daß Öleinreibungen, besonders im Anfang der Krankheit, selbst in verzweifelten Fällen, von sehr großem Nutzen sind.

2. Daß, wenn nach der Einreibung Schweiß eintrat, der Kranke gerettet war.

3. Daß, wenn die Krankheit besonders heftig, mit Fieber und Gehirnentzündung auftrat, außerdem noch vor der Einreibung Blutentziehungen unternommen werden mußten.

4. Daß man, um die Kranken ganz herzustellen, die Einreibungen eine Zeitlang fortsetzen müsse, selbst dann noch, wenn alle gefährlichen Symptome bereits verschwunden waren.

5. Daß Erkältungen nach den Einreibungen, besonders Unterbrechung des Schweißes, Ursachen von Rückfällen werden, aber auch dann rettete noch oft diese Methode den Kranken.

Gegen Mitte des Januar 1830 wurde im Hospital zu Adrianopel, außer den Einreibungen, das Baumöl auch noch innerlich gegeben. – Der Oberarzt jenes Hospitals, Lekont, benutzte diese Methode auf Anraten Mahmuds, des Leibarztes vom Großwesir, und Hagemanns, des Oberdoktors der türkischen Truppen. Diese Herren hatten nämlich erfahren, daß die Einwohner Kleinasiens und Ägyptens mit Nutzen den Verpesteten Ochsentalg eingaben; auch wurde Baumöl mit Essig gereicht.

Der Stabsarzt Kirilowitsch hat mit Nutzen den Rückgrat oder auch den ganzen Körper mit spanischen Fliegen belegt.

Jenseits des Kaukasus wurde mit Nutzen folgende Heilmethode angewandt. – Die Kranken wurden im Fluß gebadet oder mit kaltem Wasser übergossen, dann wurde ein Brechmittel gereicht, und hierauf ein warmer Trank aus *Flor. Sambuci* und *Herba Malvae*[61]; tags darauf gab man eine Emulsion mit Phosphor zu einem Eßlöffel voll; vertrug der Kranke den Phosphor, fühlte er Erleichterung danach, so wurden die Dosen alle Stunden wiederholt.

Die Bubonen sollen bei dieser Methode schneller gereift sein, und bei schwächeren Individuen ohne schädliche Folgen sich oft zerteilt haben.

---

[61] *Herba Malvae*: Wilde Malve.

In Alexandrien wurde ohne Nutzen Spiritus in steigenden Gaben versucht. In Bosnien, Serbien und Bulgarien wird gegen die Pest der eigene Urin des Kranken mit Zitronensaft angewandt. – Unsere Kleinrussen kennen ebenfalls dieses Mittel. Einige dieser Leute, die unseren Truppen als Pferdetreiber folgten, tranken ihren eigenen Urin als ein Vorbeugungsmittel gegen das Übel; sie wurden, wie die Ärzte versichern, selten von der Krankheit heimgesucht. Aus diesem Grunde haben einige gelehrte Ärzte, unter andern der Professor Sniadecky in Wilna, das *Acidum Uricum*[63] in der Pest angeraten. Künstliche Geschwüre, Fontanellen etc. wurden erfolglos unterhalten.

Ein gewisser Tschappa in Bukarest verordnete gegen die Pest ein Pflaster, eine Salbe und eine Mixtur, deren Bestandteile er geheim hielt; es ergab sich, daß die beiden ersten *Minium*[64] und *Camphor* enthielten. Diese Mittel brachten keinen Nutzen. War die Krankheit mit Bubonen und Karbunkeln kompliziert, so wurden diese nach allgemeinen chirurgischen Grundsätzen behandelt, so z. B. wurden auf Bubonen, welche Neigung zur Eiterung zeigten, warme oder heiße Umschläge aus gebratenen Zwiebeln oder aus gewöhnlichen erweichenden Kräutern gelegt. Waren diese Geschwülste atonischer[65] Natur, so suchte man dieselben durch Umschläge von *Resinosis*[66], Salz und Knoblauch zu reizen, oder der Bubo wurde mit Senfteigen und spanischen Fliegenpflastern belegt. Die gereiften Bubonen wurden mit der Lanzette geöffnet, und nach Umständen mit *Ungto digestivo*[67] oder *Balsamo Arcaei*[68] verbunden; trat Brand hinzu, so bediente man sich des Chlorkalkes.

---

[63] *Acidum Uricum*: Harnsäure.
[64] *Minium*: Mennige.
[65] *Atonisch*: Vom Zustand her schlaff, spannungslos.
[66] *Resinosis*: Harzrose.
[67] *Ungto digestivo*: Eine die Eiterung befördernde Salbe.
[68] *Balsamo Arcaei* Schmerzstillende Salbe.

In Adrianopel wurde endlich ebenfalls eine Methode angewandt, die im Osten gebräuchlich ist. – Zwei Finger breit unterhalb des Bubo wird die Haut durchschnitten, und in der gemachten Wunde wird die Eiterung unterhalten; je grösser diese ist, desto schneller sollen die Bubonen verschwinden. – Jedoch ist diese Methode noch nicht durch hinlängliche Erfahrung bestätigt. – Die Karbunkeln wurden mit einer Auflösung von Chlorkalk verbunden, und der Schorf auf ihnen mit gewöhnlicher Ceratsalbe[69] abgesondert. War derselbe abgefallen, so wurde das Geschwür mit Chlorkalk bestreut, und dann nach den Regeln der Chirurgie verfahren. – Bisweilen versuchte man auch das Ausschneiden und Ausbrennen der Karbunkeln, jedoch ohne Nutzen. – Der Dr. Tschernobajeff versuchte das Einimpfen der Karbunkelmaterie. – Gegenstand dieses Versuches waren Kranke, die schon Bubonen, jedoch kein Fieber hatten; er bemerkte, daß an der geimpften Stelle nach sechs Stunden, oft erst nach drei Tagen, ein Karbunkel erschien; von diesem erstreckten sich rote Streifen bis zu den nächsten Drüsen, bisweilen entstand statt des Karbunkels ein Bubo. – Danach zerteilten sich gewöhnlich die früher stehenden Bubonen, und der fieberhafte Zustand war weniger stark; welches auch mit den Ansichten von Joseph Frank übereinstimmt. – Tschernobajeff wandte diese Methode bei Kranken an, die Bubonen am Hals hatten, und versichert, auf diese Weise mehrere vom unvermeidlichen Tode gerettet zu haben. Zum Einimpfen gebrauchte er Materie von Karbunkeln, die noch nicht mit einem Brandschorf bedeckt waren, und welche das Ansehen von Pockenbläschen mit gelblicher Flüssigkeit hatten. Vor dem Erscheinen solcher eingeimpfter Karbunkeln und Bubonen zeigten sich meistenteils rheumatische Schmerzen in den nahegelegenen Teilen; mit ihrem Erscheinen entwickelten

---

[69] *Ceratsalbe*: Wachssalbe.

sich ebenfalls die anderen wesentlichen Symptome der Pest. – Bei Karbunkeln und Bubonen an den untern Gliedmaßen wurden die Nieren und die Urinblase mit angegriffen, und ein anfangs roter, dann jumentöser[70] Urin mit Schmerzen entleert.

Eine genaue Würdigung der historischen Data dieser Epidemie, und anderer in verschiedenen Gegenden und Zeiten gesammelten Erfahrungen leitet uns auf folgende Schlüsse: Die Pest ist eine höchst akute, verderbliche, kontagiöse Krankheit eigener Art, sie verbreitet sich durch die Berührung Verpesteter, durch das Einatmen ihrer Ausdünstung und des Dunstes ihrer Exkremente.

Die Ansteckung geschieht durch ein besonderes Medium, das unter dem Namen des Pestkontagium bekannt ist. Das Pestkontagium ist eine Art von feinem Gift, das Produkt eines pathologischen, zoochemischen Prozesses, der sich im lebenden Körper durch spezifische Einflüsse entwickelt; das Gift selbst wird dabei frei und bildet nach zoochemischen Gesetzen ein besonderes fixes Gas. – Das Pestkontagium, welches von einem Menschen auf den anderen übertragen worden ist, erregt in diesem einen ähnlichen zoochemischen Prozeß; dieser Prozeß erzeugt ein ähnliches giftiges Produkt, und so geht es fort und fort bis ins Unendliche, wenn nicht diesen krankhaften Entwicklungen und Mitteilungen Grenzen gesetzt werden.

Welches sind die äußeren spezifischen Einflüsse, welche die inneren organischen Bedingungen, die das Pestkontagium ursprünglich entwickeln? Das sind bis jetzt noch unbeantwortete Fragen. Wir wissen nur, daß dieses Kontagium zuerst an den Ufern des Nils und in Äthiopien entsteht, daß eine der Hauptbedingungen seiner Entwickelung die Ausdünstungen faulender Tiere und Pflanzenkörper im Schlamm des zurückgetretenen

---

[70] *Jumentös*: Stark riechend.

Nils ist. – Folgende Bemerkungen scheinen in der Erfahrung gegründet:

1. Das Pestgift selbst hat dem Anschein nach einige Flüchtigkeit; denn nach vielen glaubwürdigen Beobachtungen ist die Atmosphäre, die den Kranken auf sechs Fuß[71] umgibt, unter manchen Bedingungen ansteckend, und werden viele Pestkranke in einem engen Raum eingeschlossen, hat die Luft hier keinen freien Zutritt, so wird sie miasmatisch und verbreitet das Übel, wie wir dieses in so vielen anderen ansteckenden Krankheiten sehen; Zusammendrängen der Kranken bedingt jedesmal eine größere Kontagiösität.

2. Dieses Gift hat gleichsam eine narkotische Wirkung, denn die Hauptsymptome, welche es im menschlichen Diagonismo hervorruft, sind: Mattigkeit, wie nach einem Rausch oder von Dunst, Betäubung innerer und äußerer Sinne, allgemeine Schwäche, Schwindel und andere Nervenübel. – Hierin ähnelt das Pestgift dem Kohlendunst der Blausäure etc.

Ist aber das Pestgift nicht eine besondere Art tierischer Säure? Folgende Umstände scheinen für diese Annahme zu sprechen:

1. Ein mit Lakmustinktur gefärbtes Papier unter die Achsel eines Verpesteten gelegt, nahm nach einigen Stunden eine rote Farbe an, welches bei einem gesunden Menschen nicht der Fall ist.

2. Einige Körper, welche große Affinität zu den Säuren haben, besitzen die Eigenschaft, das Pestkontagium zu zerstören. So wurde z. B. in Alexandrien das Kontagium pesttragender Stoffe durch Benetzen mit Lauge zerstört; diese Methode wurde auch bei uns in Jurza mit Glück angewandt.

In den muslimischen Ländern sind die Geistlichen verbunden, die an der Pest Verstorbenen abzuwaschen; sie schmieren

---

[71] 1 russ. Fuß (*Fut*) = 30,48cm.

sich aber zuvor die Arme mit einer Seifenauflösung bis zum Ellenbogengelenk ein, und es sind keine Beispiele von Anstekkung bekannt worden. In Ungarn wurden Effekten und die Luft in den Krankenzimmern vermittelst Räucherungen von gebrannten Hörnern und Hufen gereinigt; hierbei entwickelt sich das Kontagium zerstörende *Subcarbonas Ammonii*[72], Chlorkalk, welcher zu Desinfektionsräucherungen gebraucht wird, vereinigt sich nach den Gesetzen der Wahlverwandtschaft mit dem Sauerstoff und anderen vermutlichen Bestandteilen der Pestsäure[73], und zerstört dieselbe dadurch. Salpetrige und schweflige Säuren wirken auf dieselbe Weise desinfizierend aufs Pestkontagium. Essig hingegen und vollkommene Säuren haben nicht den geringsten Einfluß auf dasselbe; Luft und Licht aber zerstören es wiederum, vielleicht waltet hier ein ähnlicher Prozeß ob, wie bei der Blausäure. Das Wasser zerstört ebenfalls dieses Gift.

Obgleich das Pestkontagium zu den stärksten Giften zu gehören scheint, so wirkt es doch nicht immer so heftig und so plötzlich wie die vegetabilischen und mineralischen Gifte, namentlich die Blausäure. Der Organismus assimiliert diese Art von Giften niemals, das Pestkontagium hingegen, welches rein zoochemischer Natur ist, kann in einzelnen Fällen durch die eigenen Kräfte des Organismus besiegt und durch denselben assimiliert werden. Wenn das Pestgift den menschlichen Körper gänzlich überwältigt, so geschieht dieses nicht anders, als nach Eintritt einer Menge besonderer krankhafter Veränderungen im Organismus selbst. – Das Pestkontagium ist daher nicht

---

[72] *Subcarbonas Ammonii*: Kohlensaures Ammoniak.
[73] Fußnote. d. Verf.: Die größte Wahlverwandtschaft hat Chlorkalk zum Wasserstoff, auch teilweise zum Azot (*Stickstoff*), welche wahrscheinlich ebenfalls im Pestkontagium enthalten sind. Auch Sprengel nimmt das Vorwalten des Wasserstoffes im Pestgift an.

unbedingt ansteckend, es ist nicht imstande, an und für sich die Pest hervorzubringen, es ist gleichsam die *Causa Proxima excitans*[74] der Pest, und entwickelt sich die Krankheit, so hat gewiß der Organismus bei diesem Prozeß den größten Anteil. Die Erfahrung stimmt auch ganz und gar mit dieser Ansicht überein, denn die Pest entwickelt sich weder gleich, noch jedesmal bei denen, die einer Ansteckung ausgesetzt waren.

Welchen Teilen des Organismus teilt sich das Pestkontagium zuerst mit? Wie entwickelt es sich? Und was ist das Wesen dieser Krankheit? Wir müssen annehmen, daß das Pestkontagium, sobald es mit irgendeinem Teil des Körpers in Berührung tritt, von allen lymphatischen Gefäßen eingesogen werde, daß es zugleich auf alle Endungen der peripherischen Nerven einwirke, und daß es die Sensibilität derselben abstumpfe. Als Folge hiervon werden die unter geordneten Funktionen des vegetativen Lebens verändert, in der Sphäre der Lymphgefäße entsteht nun, wie wir gesehen, ein besonderer zoochemischer Prozeß, (ob eine Gärung? ein galvanischer, ein elektrischer oder sonstiger?) War nun hierbei das Pestkontagium zu schwach, oder wirkten andere günstige Umstände, so wird das Gift auch ohne weitere Folgen durch die eigene Kraft des Organismus bezwungen und das Kontagium wird gleich in seiner Einwirkung zerstört; daher werden manche Subjekte von der Pest gar nicht ergriffen, oder krankhafte Symptome erscheinen in den Lymphdrüsen allein; es entstehen die sogenannten gutartigen Bubonen, welche ohne Fieber wachsen, sich ausbilden und verschwinden.[75]

---

[74] *Causa Proxima excitans*: Unmittelbare Ursache.

[75] Fußnote d. Verf.: Die Beobachtungen des Dr. Tschernobajeff bestätigen obige Annahme; sie beweisen, daß das Pestgift sich in den geschwollenen Drüsen eine Zeitlang verbergen könne, und daß solche Geschwülste ohne alle Folgen sich wieder zerteilen; gesellt sich aber zu ihnen ein starkes Fieber, so entwickelt sich auch die Pest.

Im vegetativen Leben des Organismus liegt eine gewisse Trägheit; woher der oben beschriebene Prozeß in den Lymphdrüsen oft sieben Tage und länger dauern kann. Ohne Zweifel spielt hier die Rezeptivität und die Reaktionskraft des Organismus eine sehr große Rolle, auch kommt hier vermutlich die Quantität und Kraft des aufgenommenen Giftes in Betracht; denn es kann allerdings angenommen werden, daß ein Gift im Anfang oder im glücklichen Verlauf der Krankheit und bei fieberfreien Pestfällen lange nicht die Kraft habe, als das Gift in der Asme[76] und bei starker Fieberkomplikation. – Wenn aber der erste Eindruck des Pestgiftes nicht vom Organismus beseitigt werden konnte, so verpflanzt sich seine betäubende Wirkung auf die Nerven des *Plexus Solaris*, auf das Rückenmark und auf das Gehirn; im Blut erfährt das Gift die letzte zoochemische Veränderung, ändert selbst das Blut um und mit ihm alle Se- und Exkretionen.

In einzelnen schnelltötenden Fällen wird das Kontagium sowohl von den lymphatischen Gefäßen, als auch von den Venen aufgesogen, wo es dann unmittelbar dem Blut mitgeteilt wird. Oft ist der Verlauf der Krankheit so schnell, daß in drei bis vier Stunden, zuweilen sogar plötzlich, der Tod erfolgt (*apoplexia pestilentialis*). „*Morte ipsa morbus interdum scenam aperit*!"[77] sagt Joseph Frank, indem er von der Pest spricht.

Dort, wo die Krankheit etwas gelinder auftritt, beobachtet sie in ihrem Verlauf gewisse Perioden (was vom Dr. Tschernobajeff besonders in den Pestfällen bemerkt wurde, die nach dem Einimpfen sich entwickelten). Solcher Perioden können drei angenommen werden.

---

[76] *Asme*: Arsenbimethyloryd.
[77] „*Es ist eine Krankheit in welcher der Tod selbst die Bühne betritt.*"

In der ersten finden wir ein besonderes Leiden aller Nerven, die vom Rückenmark ausgehen, dann des splanchnischen[78], des pneumogastrischen[79] und des lymphatischen Geflechtes; verschiedenartige krankhafte Erscheinungen in der reproduktiven Sphäre, Leiden im Lymphsysteme, Welkheit und verringerte Spannkraft in den Muskelfasern, verringerte Verdauung, langsamere Assimilation, veränderte Hämatose[80], die Oxydation des Blutes wird schwächer und dieses zur Auflösung geneigter; die Kräfte sinken schnell; ein kurzer Frost, dann trockene Hitze meist ohne Durst; veränderte Physiognomie; beim großen Reiz der Lymphgefäße entstehen Bubonen.

Zweite Periode: die Nervenstränge des *Plexus Solaris* und des Rückenmarkes werden nun gänzlich in Mitleidenschaft gezogen. Die Glieder versagen ihren Dienst und zittern, im *Serobiculo*[81] und in der Herzgegend Druck und Angst, wankender Gang, Übelkeit, Erbrechen und Durchfall; die Organe der Brust werden ergriffen, Fieberbewegungen, der Puls steigt bis zu 90 Schlägen in der Minute; nicht selten treten Entzündungssymptome in verschiedenen Organen ein. Der Einfluß der Nerven auf die Reproduktionssphäre hört auf, es entstehen Brandgeschwüre, Brandbeulen, und die Bubonen gehen in Brand über.

Dritte Periode oder höchster Grad der Krankheit. Außer dem Rückenmark und den Nervengeflechten wird unmittelbar das Nervenleben im Gehirn angegriffen, der Kranke bekommt Schwindel, einen stumpfen Kopfschmerz, Gleichgültigkeit gegen alles, besonders gegen sich selbst, Betäubung äußerer und innerer Sinne, nicht selten Verlust des Gedächtnisses und des Bewußtseins, außerordentliche Schwäche, Schlafsucht, Unru-

---

[78] *Splanchnisch*: Die Eingeweide betreffend.
[79] *Pneumogastrisch*: Lunge, Magen betreffend.
[80] *Hämatose*: Bildung der roten Blutkörperchen.
[81] *Serobiculus cordis*: Die Herzgrube.

he, Delirien, völlige Auflösung der Säfte, Petechien, Hämorrhagien[82], Tod.

Jedoch alle diese Zeichen beweisen noch nicht, daß eine akute
Gehirnentzündung zugegen sei, wie viele Ärzte besonders in der
letzten Epidemie angenommen haben; ebensogut könnte man
auch bei der Betäubung von Kohlendunst eine Gehirnentzündung annehmen. Bei einer so akuten und heftigen Krankheit
wie die Pest, müßte sich eine Gehirnentzündung mit viel
deutlicheren Symptomen aussprechen. – Wenn sich aber am
Ende der Krankheit oder bei gewissen Komplikationen eine
wirkliche Gehirnentzündung ausbildet, so ist das meiner
Meinung nach ein ganz zufälliges Symptom. Die *Methodus
Antiphlogistica*[83], besonders Blutentziehungen, war fruchtlos,
und wenn dieselbe auch zuweilen nicht offenbaren Schaden
brachte, so geschah dies wohl nur deshalb, weil sie eine einzelne
Komplikation beseitigte.

Die Beobachtungen von Jahrhunderten lehren uns, daß das
Pestkontagium seinem Wesen nach unverändert bleibt; folglich
muß die Krankheit, die es im menschlichen Körper hervor-
bringt, dem Wesen nach auch immer eine und dieselbe sein. –
Nur die Form dieses Übels kann sich verändern, sie kann in
einer und derselben Epidemie aus verschiedenen Ursachen ver-
schieden sein; Körperanlage, Rezeptivität, äußere Einflüsse,
Jahreszeiten, Luft, endemische Ursachen, andere Krankheiten
können dazu beitragen; daher die abweichenden Ansichten der
Ärzte, die das Übel in verschiedenen Gegenden und zu verschiedenen Zeiten beobachtet haben, daher die sogenannte entzündliche, nervöse, faulige Pest. – Alle diese verschiedenartigen
Komplikationen der Krankheit haben größeren oder geringeren

---

[82] *Hämorrhagien*: Starke Blutungen.
[83] *Methodus Antiphlogistica*: Die entzündungswidrige Heilmethode.

Einfluß auf die Heilart, das Wesen der Pest aber selbst bleibt unveränderlich.[84]

Wie bösartig wir uns auch die Pest denken, so sehen wir dennoch, daß sie bisweilen durch die Kraft des Organismus allein besiegt wird. – Die Heilung geschieht, wie schon erwähnt wurde, durch eine Art Assimilation des Pestgiftes; ein allgemeiner Schweiß begleitet meistens letzteren Prozeß. – Die Heilung, die uns die Kunst darbietet, ist bloß eine Unterstützung der Heilkraft der Natur. Da aber in der Natur jede Kraft auch eine Gegenkraft hat, so müssen wir hoffen, auch mit der Zeit gegen das Pestkontagium ein Gegenmittel aufzufinden, und zwar glaube ich, wird uns hierin das Tierreich aushelfen, so wie die Menschenblattern durch Kuhpockengift verhindert werden.

Gehen wir nun alle Heilmethoden durch, die gegen die Pest angewandt wurden, so finden wir, daß sie bald mit mehr, bald mit weniger Nutzen versucht worden sind.

Nur Öleinreibungen mit grauer Quecksilbersalbe brachten konstanten Nutzen. Hochgepriesene Heilmethoden schlugen in manchen Fällen ganz und gar fehl, und werden unter anderen Umständen hart getadelt. Dieser einseitige Empirismus liegt jedoch darin, daß wir das Wesen der Pest nicht kennen. – Die Kunst kann indessen allerdings zur Heilung der Pest manches beitragen; die Therapie richtet sich nach obigen drei Perioden. – Der ersten Periode entsprechen herabstimmende, reizmindernde Mittel: Einreibungen des ganzen Körpers mit warmen

---

[84] Fußnote d. Verf.: Eine merkwürdige Beobachtung ist es, daß in Pestepidemien ganz gesunde Individuen, die sich in Gegenden aufhalten, wo noch keine Pest hingekommen, in drüsigen Teilen, vorzüglich in der Achselgrube und in der Inguinalgegend, ein ganz besonderes Unbehagen empfinden, wobei die Drüsen etwas anschwellen. Ähnliches wurde auch bei anderen Epidemien bemerkt; wo z. B. die Cholera herrschte, empfanden übrigens gesunde Individuen Übelkeit und andere Magenbeschwerden.

Baumöl oder öligen Mitteln, Übergießen mit warmen Wasser, warme Bäder, endlich der Gebrauch von warmen Tee, von Aufgüssen schleimiger, schweißtreibender, leichter aromatischer Kräuter, *Sambucus, Tilia*[85], *Malva, Verbascum*[86], mit einem Zusatz von Brechweinstein, letzteren in großen Gaben als Kontrastimulanz nach Rasori.

In der zweiten Periode: Blutegel, blutige Schröpfköpfe in der Herzgrube und längs der Wirbelsäule, bei plethorischen[87] und zu Kongestionen[88] geneigten Personen kleine Aderlässe, dabei Einreibungen von Öl und Mercurialsalbe[89], abwechselnd auf der inneren Seite der Arme oder der Schenkel, auf dem Rücken; dann kleine Gaben von *Tartarus emeticus,* versüßtes Quecksilber von drei bis vier Granen mit *Digital. purpur.*[90], schleimige Getränke.

In diesen beiden Perioden können bei starker, trockener Hitze, besonders in heißer Jahreszeit, Übergießungen mit kaltem Wasser versucht werden; ein Mittel, das mächtig die Transpiration[91] befördert.

In der dritten Periode werden starke reizende Einreibungen angeraten. – Embrocationen[92], *Ol. therebinthinae*[93], *Spirit. Camphoratus, Linim. phosphoratum*[94], Moxen[95], Sinapismen[96], besonders längs der Rückenwirbel und in der Gegend des

---

[85] *Tilia:* Linde.
[86] *Verbascum:* Königskerze.
[87] *Plethorisch:* Vollblütig.
[88] *Kongestion:* D. i. die Zunahme der Blutmenge in einem bestimmten Gebiet des Körpers.
[89] *Mercurialsalbe:* Quecksilbersalbe.
[90] *Digitalis purpurea:* Roter Fingerhut.
[91] *Transpiration:* Ausdünsten, schwitzen.
[92] *Embrocation:* Einreiben mit einer Arznei.
[93] *Ol. Therebinthinae:* Terpentinöl.
[94] *Linim. Phosphoratum:* Eine Lösung von Phosphor in fettem Öl.
[95] *Moxen:* Bezeichnet den Vorgang der Erwärmung von speziellen Punkten des Körpers.
[96] *Sinapismus:* Senfpflaster.

Plearus Solaris. Innerlich anregende flüchtige Mittel: Phosphor, Moschus, Spiritus, Ätherea.

Es können jedoch Umstände eintreten, welche die ebenerwähnte Heilart verändern. Zur Kriegszeit sind diejenigen, welche an der Pest erkranken, meist durch Märsche, Biwaks, Kälte und schlechte Nahrung erschöpft, – hier müssen den obengenannten Mitteln flüchtig-tonische beigefügt werden. Offene Bubonen und Karbunkeln werden hier durch *China, Columbu, Serpentaria* schneller zum Heilen gebracht. – Unter gewissen epidemischen und endemischen Einflüssen, bei großer Anhäufung der Kranken an engen und feuchten Orten, in Hospitälern, wo viele Skorbutische liegen, kann die Pest ebenfalls einen entzündlichen, fauligen oder gastrischen Charakter annehmen. – Nach diesen Umständen muß sich also auch die Heilart richten, so z. B. wird bei entzündlicher Komplikation die bekannte antiphlogistische Methode angewandt, Aderlaß, Blutegel, Schröpfköpfe, kühles Verhalten der Kranken, kaltes säuerliches Getränk, innerlich *Kalomel, Nitrum,* vegetabilische und mineralische Säuren. Jedoch sei man mit dieser Methode vorsichtig; ganz besondere Umsicht erfordern die Aderlässe. Bei gastrischer Komplikation müssen die ersten Wege gereinigt, und wo es Not tut, Brech- und Abführungsmittel angewandt werden.

Bei fauliger oder skorbutischer Komplikation sind Mineralsäuren, saurer Punsch, guter roter Wein und *China* angezeigt. – Was nun die symptomatische Heilart betrifft, so hat man folgendes geraten: bei Gehirnentzündung Aderlaß, Blutegel an den Hals und an die Schläfen, kalte Umschläge um den Kopf, Senfteige an die Waden und Fußsohlen, heiße, reizende Fußbäder etc. Liegen dem starken Erbrechen materielle Ursachen zugrunde, so muß dasselbe durch Trinken von warmen Wasser, ja selbst durch Brechmittel unterhalten werden, ist die Ursache aber eine dynamische, so müssen Blutegel, Senfteige, spanische Fliegenpflaster in die Herzgrube, kleine Gaben von *Äther* oder von kaltem Wasser angewandt werden. – Die Bubonen werden mit warmen, erweichenden, öligen Umschlägen behandelt. Durch dieselben Mittel wird bei Karbunkeln der Brand beschränkt, und das Brandige abgestoßen; auch scheint mir das Einimpfen des Peststoffes von namentlichen Nutzen.

Im allgemeinen finden wir, daß je langsamer und verborgener das Übel auftritt, desto verderblicher war in der Folge dessen verheerende Wirkung. Den Ärzten vor allen liegt es ob, jene Gegenden besonders zu bewachen, wohin die Pest verschleppt werden konnte; und wehe dem Unerfahrenen und Eigensinnigen, welcher, irrigen Hypothesen sich hingebend, das Dasein des furchtbaren Feindes verkennt oder leugnet. Unvermeidliches Verderben ganzer Gegenden und ganzer Armeen ist hiervon die Folge. – Nur Entschlossenheit und energisches Wirken ist imstande, die Krankheit am Orte ihres Entstehens zu ersticken, und einem Unglück vorzubeugen, das später durch keine menschliche Kraft besiegt werden kann.

Bei Anwendung solcher Maßregeln muß mehr, wie irgendwo, das harte Prinzip in Ausführung gebracht werden: dulde ein partielles Übel, wo es sich um das allgemeine Wohl von vielen handelt; so sehen wir uns oft in die traurige Notwendigkeit versetzt, einige hunderte von Menschen zu opfern, um mehrere Tausende zu retten. Die russische Quarantäneverordnung, vom Medizinalrat verfaßt, enthält eine genaue Beschreibung derjenigen Maßregeln, welche zur Erstickung und Verhütung des Übels angewandt werden müssen. – Eine zeitige und konsequente Ausführung derselben kann ohne Zweifel die Pest, die noch nicht um sich gegriffen, an Ort und Stelle ersticken.

Es scheint mir überflüssig, hier von größeren und kleineren Kordons zu sprechen, von der Quarantäne, von Räucherungen mit Chlor, Salpeter und Schwefelsäure, vom Einfluß der atmosphärischen Luft usw.; ich führe nur noch an, daß bei Erscheinung der Pest in Hospitälern und Feldlagern ein strenges Abteilen der Kranken in Verpestete, Verdächtige und nicht Verdächtige, geräumige Lage derselben in den Krankensälen, schnelles Transportieren derselben in Biwaks, unumgängliche und sicher helfende Maßregeln sind. – So müssen wir ebenfalls der Reinigung mit Wasser erwähnen, eines Mittels, das in der letzteren Epidemie im transkaukasischen Korps mit so großem Nutzen angewandt wurde. Die Geschichte dieser Epidemie lehrt uns, daß das Wasser eines der sichersten Präservationsmittel gegen das Pestkontagium sei; letztere Tatsache finden wir sowohl bei den Einwohnern Varnas, als auch bei unseren Truppen bestätigt. Wo es nämlich an Säuren zu Räucherungen fehlte, da wurde mit Nutzen einfaches oder auch gesalzenes, oder Meerwasser angewandt. – Schon der bekannte Grundsatz: „Flüssigkeiten sind schlechte Leiter des Pestkontagiums!" lehrt uns den Nutzen des Wassers. – Durch die Erfahrungen in den transkaukasischen Ländern ist deutlich nachgewiesen worden, daß das Reinigen infizierter Effekten durch Wasser immer einen glücklichen Erfolg hatte, hingegen das Räuchern mit Säuren war nicht immer so sicher, obgleich letzteres Experiment in den Truppenabteilungen mit aller Genauigkeit ausgeführt wurde, und namentlich dabei die Zelte gehörig zugedeckt, in Wasser geweicht und mit Schichten feuchter Erde belegt waren.

Die Räucherungen mit Mineralsäuren und besonders mit Chlorkalk, genau und konsequent angewandt, mögen ein ganz gutes Mittel sein. Doch lassen sie sich erfolgreich nur in Quarantäneanstalten ausführen; bei Truppen in Biwaks oder in schlechten Quartieren kann man sich auf diese Methode wenig verlassen. Stoffe von Holz und Metall, ganze Fuhren können gar nicht anders, als durch Wasser gereinigt werden, weiche Gegenstände, die in den verborgensten Falten das Pestkontagium enthalten können, werden vom Wasser ganz und gar durchdrungen, besonders wenn sie mit Stöcken ausgeklopft werden. Reinigen durch Wasser erfordert weniger Zeit, weniger Vorsicht und Genauigkeit, es wird von denselben Leuten verrichtet, welche beim Kordon aufgestellt sind; es kann überall, wo nur Wasser fließt, unternommen und auf einem Male bei großen Menschenmassen, bei einem ganzen Armeekorps angewandt werden. – Nach der Reinigung durch Wasser können verdächtige Stoffe noch den Mineralräucherungen unterworfen werden, wenn die Umstände es fordern sollten; Gegenstände, die nicht lange im Wasser liegen bleiben können, z. B. Bücher, Briefe etc. können ebenfalls nach Anwendung des Wassers mit Säuren durchräuchert werden.

Die Meinung, daß das Sonnenlicht zur Zerstörung des Pestkontagiums durch Luft und Wasser beitrage, bedarf noch der Bestätigung.

So bedürfen die Erfahrungen von Starck noch einer genaueren Würdigung. Tierstoffe sollen stärker Gerüche anziehen als Pflanzenstoffe, diese Anziehungskraft bei beiden nach dem Maß der Dunkelheit ihrer Farben zunehmen. – Denselben Gesetzen sollen auch die Anziehungskraft des Wärmestoffes und des Lichtes folgen, einige Farben ziehen den Wärmestoff stärker an, andere schwächer; und zwar soll dieses nach folgender Ordnung geschehen; weiß, gelb, grün, rot, blau, schwarz. Das Verdunsten der eingezogenen Gerüche soll demselben Gesetz folgen. Farben, welche die Gerüche schwerer einziehen, entbinden selbige schnell. Auf diese Erfahrung sich stützend rät Dr. Starck bei ansteckenden epidemischen Krankheiten:

1. Weiße Kleidungen allen anderen vorzuziehen.

2. Die Wände der Häuser und selbst die Möbel weiß anzustreichen.

3. Allenthalben die größte Reinlichkeit zu beobachten.

4. Stoffe aus dem Pflanzenreich als Kleider zu tragen.

Den Ärzten, nicht schwarze Kleider anzulegen.

Zu dieser Ausgabe.

Der Text dieses Buches folgt der Ausgabe:

Die Pest in der russischen Armee zur Zeit des Türkenkrieges im Jahre 1828 und 1829. Berlin 1837.

Der Buchtext wurde in die traditionelle deutsche Rechtschreibung übertragen und zum besseren Verständnis für den heutigen Leser sprachlich bearbeitet. Ebenso wurden erklärende Fußnoten hinzugefügt.